유령 세계에서 벌어지는
미스터리한 사건과 오싹하고
으스스한 수학 이야기가 궁금하다고?
나, 수학 탐정 유령이 들려줄게.
단, 이것만 지켜 줘.

· 무섭다고 읽다 포기하지 않기!
· 밤새 읽느라 지각하지 않기!
· 수학 비밀을 말하지 않기!^^

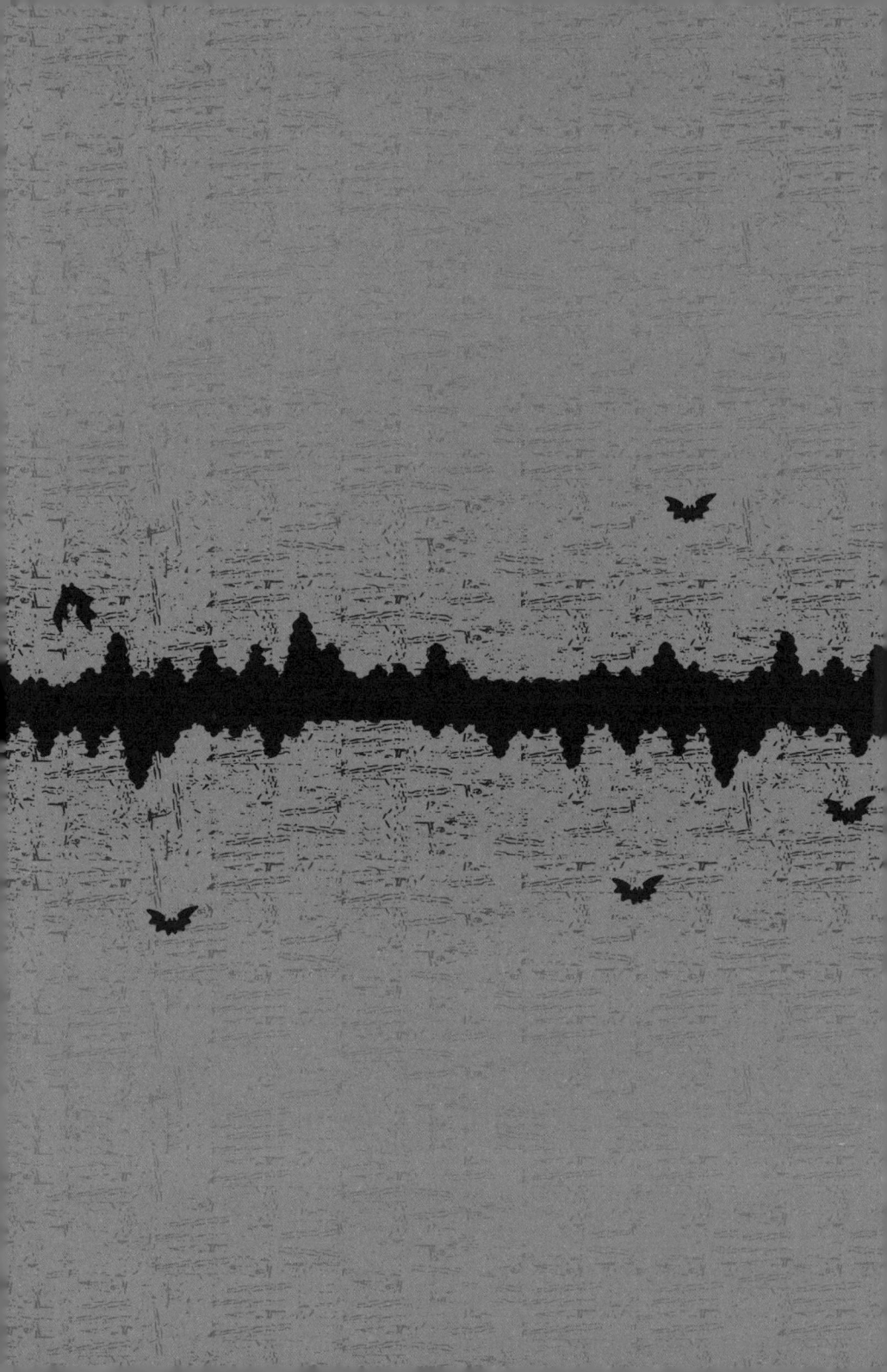

감수 · 김연비(수학영재교육원 강사 및 초등학교 교사)

2004년 서울교육대학교를 졸업한 후 현재 서울미동초등학교에서 학생들을 가르치고 있습니다. 서울특별시서부교육지원청 영재교육원(수·과학융합분야) 강사로 활동하고 있으며, 2008년에는 수학 영재 학생들과 「제4회 서울시 창의적산출물대회」에 출전하여 대상을 받았습니다. 2010년 고려대학교 교육대학원 수학영재교육학과에서 석사학위를 받았습니다.

지음 · 정재은

출판 편집과 방송 작가 등 여러 직업을 통해 얻은 경험을 바탕으로 어린이 작가로 활동 중입니다. 그동안 지은 책으로는 《수학이 궁금할 때 피타고라스에게 물어봐》《똥핑크 유전자 수사대》《해인강 환경 탐사단》《개념 쏙쏙 참 쉬운 수학》〈스토리텔링 수학〉시리즈의《게임 수학》《불가사의 수학》《스파이 수학》《바이킹 수학》《로봇 수학》《드론 수학》등이 있습니다.

그림 · 김현민

2000년 주간〈아이큐 점프〉에 '비켜 비켜'를 연재하면서 데뷔하였습니다. 펴낸 책으로는《퀴즈 과학상식 곤충》〈스토리텔링 수학〉시리즈의《미로 수학》《캠핑 수학》《게임 수학》《불가사의 수학》《로봇 수학》《드론 수학》등이 있습니다.

2015년 8월 10일 개정판 1쇄 펴냄
2021년 5월 20일 개정판 8쇄 펴냄

지음 · 정재은 **그림** · 김현민
감수 · 김연비(수학영재교육원 강사 및 초등학교 교사)
채색 · 최윤열

펴낸이 · 이성호
펴낸곳 · (주)글송이

편집/디자인 · 임주용, 최영미, 오영인, 이강숙
마케팅 · 이성갑, 윤정명, 이현정, 김병선, 문현곤, 조해준, 이동준
경영지원 · 최진수, 이인석, 진승현, 손가영

출판 등록 · 2012년 8월 8일 제2012-000169호
주소 · 서울시 서초구 능안말1길 1 (내곡동)
전화 · 578-1560~1 **팩스** · 578-1562
홈페이지 · www.gsibook.com

ⓒ글송이, 2015

ISBN 979-11-7018-096-8 74410
      979-11-86472-87-3 (세트)

*이 도서의 국립중앙도서관 출판시도서목록(CIP)은 서지정보유통지원시스템 홈페이지(http://seoji.nl.go.kr)와 국가자료공동목록시스템(http://www.nl.go.kr/kolisnet)에서 이용하실 수 있습니다. (CIP제어번호: CIP2015020496)

수학 자신감을 키워 주는 수학 이야기

《수학 유령의 미스터리 탐정 수학》은 '안천재'라는 이름 그대로 천재가 아니라고 박박 우기는 아이가 수학 탐정 유령과 수학 사건을 해결하면서 수학 천재가 되어 가는 이야기입니다.
이 책은 초등학생이 반드시 알아야 할 수학적 개념과 원리를 짚어 줄 뿐만 아니라, 학생들에게 커다란 교훈을 안겨 줍니다. 그것은 바로 '수학은 쉽고 재미있다. 그러므로 수학에 자신감을 갖자.'입니다.
한 연구 조사 결과, 수학을 좋아하고 수학을 잘할 수 있다는 믿음, 즉 수학적 태도가 수학 성적에 많은 영향을 준다고 합니다. 안천재도 처음에는 수학 울렁증이 있을 정도로 수학에 자신감이 없었어요. 하지만 수학 탐정 유령을 만나 확 달라지지요.
이 책의 마지막에 안천재는 이렇게 말해요.
"내 이름처럼 정말로 나, 수학 천재가 되었나 봐!"
이 책을 읽은 여러분이 "수학은 정말 쉽고 재미있어. 나도 수학을 잘할 수 있어." 하고 말하며 흐뭇하게 미소 짓는 모습이 벌써 눈에 선합니다.

수학영재교육원 강사 및 초등학교 교사 **김연비**

수학유령이 또 나타났다!

이것 봐, 안천재! 한밤중에 갑자기 유령이 나타나도 놀라지 마.
나, 수학 탐정 유령은 보통 유령과 다르니까.
인간을 해치지 않는 것은 물론이고 사건을 추리하고 해결하느라
바빠서 무서운 짓은 아예 저지르지 않아.
그런데 왜 네 방에 나타났냐고?
유령 세계에 워낙 미스터리한 사건이 많아서 말이야.
너무 바빠서 내 사건들을 함께 풀어 줄 조수를 구한다고 해 두지.
머리도 괜찮고, 참을성, 집중력, 무엇보다 미스터리한 사건을
해결하는 추리 능력이 나쁘지 않은 어린이. 그래 바로 너! 네가 나와
함께 미스터리한 수학 사건들을 해결해 줘야겠어.
달아날 생각은 꿈도 꾸지 마. 지금 달아나면 평생 네 꿈에 나타나
오만팔천 자리 곱셈과 십팔만육천 자리 나눗셈을 시켜 줄 테니까.
자, 이제 첫 번째 미스터리한 사건부터 풀어 볼까?
사건을 해결하다 졸리면 말만 해.
등골이 오싹해지면서 잠이 번쩍 깨도록 해 줄게.

From 수학 탐정 유령

차례

프롤로그 … 9

1 한밤중에 나타난 소녀의 정체는? … 16

2 암호를 풀래, 악몽을 꿀래? … 20
인류 최초의 군사 암호 · 29

3 할머니 유령의 테스트 통과하기 … 31

4 반지를 훔친 … 38
진짜 범인을 찾아라
수학의 비밀을 누설한 수학자 · 47

5 탐정 유령, 네 실체를 공개하라 … 48

6 무시무시한 개를 피하는 방법은? … 59

7 우리에 갇힌 … 70
강아지를 구하라
거듭제곱의 비밀 · 81

8 무서운 개장수와의 한판 대결 … 83

9 가장 넓은 울타리를 만들어라 … 90

10 학교로 날아온 **경고장** … 104
　어느 수학자의 비참한 최후 · 113

11 불량소년 **유령**이 정말 **우리 형**? … 115

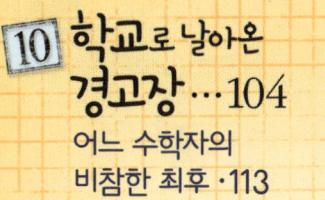

12 내 친구 아빠는 과연 **어디에**? … 126
　피타고라스의 괴상한 죽음 · 139

13 털보 박사님의 **기억** 찾기 … 140

14 누가 **탐정 유령**을 뒤쫓는가? … 153
　음악 속에 숨은 수학의 비밀 · 163

15 진짜 **스파이**는 과연 **누구**? … 164

16 악보 속에 갇힌 **탐정 유령**을 구하라 … 172

17 갑자기 나타난 **할머니의 정체**는? … 185

18 마방진 **유령**이 남긴 **수학 문제** … 192
　천재 수학자들의 전쟁 · 203　에필로그 … 204

프롤로그

"아우! 왜 하필 팔라우야? 나도 남들처럼 미국이나 일본에 가고 싶다고! 허리우드나 디즈니랜드 같은 데. 왜냐하면 난 선진국 스타일이니까!"

나는 인천공항에 도착해서도 내내 투덜거렸어. 난생 처음 가는 해외여행이 이름도 모르는 남태평양에 있는 섬나라라니, 완전 실망이거든. 나중에 학교에 가서 자랑을 해도 누가 알아나 주겠어?

으~ 무거워!

 그런데 참 이상하지? 비행기가 붕 뜨자마자 나도 모르게 마음이 붕붕 뜨는 거야. 남태평양 작은 섬이면 어때? 누가 알아주지 않으면 어때? 태평양 넓은 바다에서 신나게 수영하며 놀면 되지. 또 알아? 바닷속에 먼 옛날 침몰한 해적선이 있을지. **보물이 넘치는 해적선!** 알고 보니 팔라우는 보물섬이었던 거지. 음하하하, 생각만 해도 짜릿한걸. 근데 좀 유치하다. 요즘 세상에 해적선이 어딨냐!

 나는 터무니없는 상상을 접고 다른 즐거운 상상에 빠졌어. 그러면서 요상한 기내식을 먹고, 아빠 휴대전화로 게임을 했어. 그런데 눈이 시리도록 게임을 했는데도 도착하지 않는 거야.

 "아! 도대체 언제 내리는 거야? 아우, 지겨워."

 나는 요리조리 몸을 뒤틀며 투덜거렸어. 그러다 건너편에 앉아 있던 흰 머리, 흰 수염 할아버지와 눈이 딱 마주쳤지.

 "어린이! **보물섬**은 아무나 쉽게 갈 수 있는 곳이 아니지. 기다리시오!"

할아버지는 주름살 많은 얼굴에 주름살을 몇 개 더 얹으며 으스스한 미소를 지었어. 나는 얼른 눈을 감고 자는 척했지. 저 할아버지, 내가 보물섬 생각을 한 걸 어떻게

알았을까? 나는 이상한 할아버지의 반대편으로 몸을 슬쩍 돌렸어. 그러다 잠이 들고 말았지. 에메랄드가 가득 쌓인 보물 바다에서 헤엄을 치는 꿈을 꾸며…….

"천재야, 일어나. 다 왔다."

나는 잠결인지 꿈결인지 하롱거리며 팔라우 공항을 나섰어. 더운 바람이 콧구멍 속으로 훅 파고들었지.

드디어 열대의 보물섬에 도착했구나!

호텔에서 푹 자고 난 다음 날, 우리 가족은 작은 배를 타고 바다로 나갔어. 에메랄드는 없지만 에메랄드빛으로 반짝이는 남태평양 바다로 말이야.

"여기 멋진 바다, 스노클링 짱 좋아요. 오래전에 바닷속에 빠진 배도 있어요. 2차 대전 때 일본군이 태평양전쟁 벌였는데, 그때 군인들 태운 배, 이 속에 풍당 빠져 다시는 못 나왔어요. 지금은 물고기 집 되었는데, 무척 아름다워요."

원주민 안내원은 서투른 한국말로 설명을 했어. 하지만 내 귀엔 하나도 들리지 않았지. 내가 기다리는 말은 딱 한 가지, 바다로 뛰어들어도 좋다는 말뿐이었으니까. 나는 발을 동동 구르며 바다만 쳐다보았어.

"스노클링을 시작하세……."

나는 안내원의 말이 끝나기도 전에 바다에 뛰어들었어. 3년 동안 익힌 나의 수영 솜씨가 빛을 발하는 순간이었지! 나는 능숙하게 잠수해서 바닷속에 가라앉은 난파선을 구경했어. 난파선은, 자신이 원래 배였다는 것을 까맣게 잊어버린 채 파랑, 노랑, 빨강 열대어들의 집으로 변했더라. 어쩐지 서글프고 으스스한 기운이 느껴졌어.

나는 난파선 주위를 천천히 헤엄쳤어. 그러다 산호 틈 사이로 반짝이는 빛을 발견했지. 순간 숨이 턱 막혔어. 나는 얼른 물위로 올라갔어. 하아하아 거친 숨이 터져 나왔어. 보석이라도 반짝인 걸까? 숨을 너무 오래 참아서

헛것이 보였나? 뭔지 모르지만 확인해 보고 싶었어.

나는 호흡을 가다듬고 다시 한 번 물속으로 들어갔어. 내 뒤를 따라 온 햇빛이 반짝, 아까와 똑같은 자리에서 빛났어.

나는 손을 쑥 뻗어 작은 상자를 꺼냈어. 손바닥만 한 작은 상자는 꼭 보물 상자 같았지.

'바닷속에서 뭐 만지면 안 돼요! 함부로 가져가면 안 돼요!'

흘려들은 안내원의 말이 떠올랐어. 하지만 나는 귀신에 홀린 사람처럼 보물 상자를 옷 속에 숨기고 말았어.

내가 왜 그랬을까? 덕분에 그날 이후 팔라우 여행은 완전 악몽이었어. 맛있는 해물 요리를 먹을 때도, 돌고래 쇼를 볼 때도, 바닷가에서 헤엄을 칠 때도 보물 상자만 생각났거든. 식당 앞에서 만난 팔라우 경찰이 내 뒷덜미를 턱 잡으며 소리칠 것 같았다고.

"우리 보물 상자를 훔쳤지? 당장 너를 체포하겠다."

나는 팔라우 감옥에 갇히는 것보다 엄마한테 솔직하게 털어놓고 혼나는 길을 택했어. 나는 침을 꼴깍 삼키고는, 귀걸이를 고르고 있는 엄마 팔을 잡아당기며 정말 어렵게 말을 꺼냈어.

"엄마, 사실은 스노클링하다가……."

"가만 좀 있어 봐. 이게 낫니, 이게 낫니? 두 개 다 사는 게 낫겠지?"

엄마는 좋아하는 액세서리를 고르느라 바빠서 내 말은 들어주지도 않았어. 내 용기는 다시 수그러들었고, 결국 나는 어영부영 망설이다 보물 상자를 한국까지 가져오고 말았어. 내 인생 최대의 실수였지!

1
한밤중에 나타난 소녀의 정체는?

집에 돌아오자마자 나는 팔라우에서 가져온 보물 상자를 꺼내 보았어.
"보물이 들어 있을까?"
당장 상자를 열고 싶었지만 숫자를 맞춰야 열리는 금고식 자물쇠가 달려 있어서 그럴 수 없었어. 가뜩이나 수학에 약한 내가 이런 숫자 암호를 풀 수 있을까?
그날 밤 도무지 잠이 오지 않았어. 눈을 감은 채로 한참을 뒤척이는데, 누군가 나를 쳐다보는 것 같았지. 나는 슬며시 눈을 떴어.

긴 생머리에 큰 눈망울, 뽀얀 얼굴의 소녀가 내 발치에
있었어. 나는 깜짝 놀라 이불을 움켜쥐었지.
"누, 누구야? 귀, 귀신이야?"
"귀신? 어머, 내가? 넌 보는 눈도 없니? 완전 실망이야."
소녀는 예쁜 눈을 더 예쁜 척하듯 깜빡이며 고개를
숙였어. 금방이라도 눈물이 뚝 떨어질 것 같았지.
"아, 미안. 미안해. 그럼 이건 꿈인가?"
나는 정신을 차리려고 눈을 비볐어. 다시 눈을 떴을 때
소녀는 내게 바짝 다가왔지. 그러자 팔라우에서 맡았던
바다 냄새가 풍겼어.

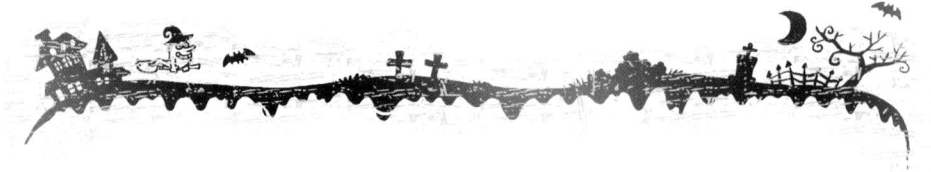

정신을 차리고 보니 소녀는 정말 예뻤어.

"난 미호야. 네가 가져온 보물 상자를 따라 왔지."

'상자를 따라 왔다고? 역시 귀신?'

의심이 다시 올라오는 순간, 소녀가 활짝 웃었어. 누구라도 반할 것같이 환한 미소였어.

"네가 팔라우에서 본 난파선 있지? 난 그걸 타고 가다가 배가 침몰하는 바람에 보물 상자와 함께 가라앉았어. 그런데 네가 보물 상자를 한국으로 가져오는 바람에 나도 따라 왔지. 네 덕분에 고향인 조선에 와서 정말 좋아. 하지만 우리 식구들이랑 친구들은 벌써 오래전에 세상을 떠났대. 네가 내 친구가 되어 줄래? 날 좀 도와주고. 응?"

나는 남자답게 고개를 끄덕였지. 이렇게 예쁜 소녀의 부탁이라면 하늘의 은하수도 퍼올 수 있어.

"아! 고마워. 너무 기뻐서 춤이라도 추고 싶네. 나는 군산에 있는 보통학교(지금의 초등학교)의 무용부원이었거든. 우리 아버지에겐 자식이 하나뿐인데, 아버지는 늘 이렇게 말했어. 자기는 군산에서 딸이 보통학교 무용부원이라고 말할 수 없는 유일한 사람이라고. 호호호."

나도 미호를 따라 웃었어. 천사 같은 미호가 춤을 추는

상상만 해도 입이 헤 벌어졌거든. 그런데 느닷없이 **등허리에 서늘한 기운이 쑥 지나갔어.** 뭔가 이상한 낌새가 느껴졌지. 나는 우리 엄마가 정말 화났을 때처럼 낮은 목소리로 물었어.

"잠깐, 미호 너는 여자가 아니잖아. 넌 남자야!"

미호가 깜짝 놀란 눈으로 나를 쳐다보았어.

"아니, 어떻게 알았지?"

천재는 어떻게 알았을까?

미호의 말을 꼼꼼히 다시 살펴볼까?

> ①미호는 보통학교 무용부원이다.
> ②미호 아버지는 자식이 미호 한 명뿐이다.
> ③미호 아버지의 자식은 보통학교 무용부원이다.
> ④미호 아버지는 딸이 보통학교 무용부원이라고 말할 수 없다.

④번 말이 좀 이상하지? ①, ②, ③번 말이랑 어긋나잖아. 그래 그건 바로 미호가 아들이기 때문이야. 무용부원이라면 흔히 딸이라는 선입견을 갖기 때문에 틀리기 쉬운 문제지. 창의 수학에서 가장 중요한 것은, 선입견과 편견을 깨고 사실 그대로를 확인하는 거야.

2
암호를 풀래,
악몽을 꿀래?

"이런, 어리바리한 줄 알았더니 보기보다 똑똑한걸. 천재라는 이름값을 좀 하는군! 사실 내 이름은 마방진. 지금은 유령이 된 탐정님이시다!"

미호는 몸을 흐물흐물 녹이더니 다시 풍선 같은 유령의 모습으로 부풀어 올랐어. 몸은 반투명에다 검고 깊은 눈, 다리도 없이 공중에 둥둥 뜬 무서운 유령.

"으악, 으악, 으아악!"

나는 이불을 뒤집어쓰고 소리를 질렀어. 그런데

생각보다 똑똑하군.

이 유령이 내 이불 속까지 파고 들어와 속삭이는 거야.

"팔라우 바닷속에 얌전히 있던 날 데려온 건 너야. 책임져어. 책임지고 내 부탁을 들어줘어. 부탁을 들어주면 얌전히 떠나 주고, 안 그러면 날마다 악몽에 시달리게 해 줄 테다다."

유령은 차가운 입김을 훅 불었어. 이불이 휙 날아가며 으스스한 기운이 온몸을 훑었지. 나는 턱을 덜덜 떨며 겨우 물었어.

"부, 부탁이 뭐야? 아, 아니, 뭐예요, 유령님?"

"네가 가져온 보물 상자를 열어 줘. 난 유령이라 열쇠를 열 수가 없거든. 내 손가락은 사물을 통과해 버리니까."

탐정 유령은 내 얼굴로 손을 쭉 뻗었어. 나는 얼른 뒤로 물러섰어. 유령의 손가락이 내 얼굴을 통과한다면, 아우!

"보물 상자에 뭐가 들었는데요? 설마 유령이 또 한 마리 든 건 아니죠?"

보물 상자에 유령이 들었다면 절대 열어 주지 않을 테야. 유령이 둘씩이나 내 주위에 어정거린다면 그건 더 나쁜 악몽이니까.

"떽! 한 마리라니! 내가 동물이냐? 듣는 유령 기분 나쁘게. 이래 봬도 나, 왕년에는 어마어마했거든.

명탐정 홈즈를 능가하는 이름깨나 날리던 탐정이었다고. 탁월한 수학적 머리로 온갖 미스터리한 사건을 해결하는, 말이 나왔으니 말인데, 홈즈 걔가 만날 찾아와 한 수 가르쳐 달라고 얼마나 귀찮게 했는지 아냐? 그러니까 앞으로 나를 탐정 유령님이라 불러."

유령의 잘난 척은 끝도 없이 이어졌어. 너무 지루해서 무서움도 사라지려는 순간, 유령의 검고 깊은 눈이 내 코앞으로 바짝 다가왔어.

"뭐? 그렇게 잘났으면서 왜 유령이 되었냐고? 뛰어난 탐정도 역사의 그늘을 비켜 갈 순 없기 때문이지. 난 일제강점기 때 일본군에 의해 강제로 팔라우로 끌려갔어. 보물 상자는 끌려가기 전 날, 내 사랑 계순 씨가 준 거야. 아까워서 열지도 못하고 품고만 다녔는데 배가 가라앉는 바람에 영영 열어 보지 못했지.

계순 씨, 아우! 보고 싶어. 아무튼 난 차가운 바닷물 속에서 수십 년 동안 내 사랑 계순 씨가 준 보물 상자를 지키고만 있었어. 이제 더는 기다릴 수 없어. 어서, 당장 보물 상자를 열어 줘."

그래, 보물 상자인지 고물 상자인지 얼른 열어 주고 수학 탐정인지 탐정 유령인지를 쫓아 버려야지. 나는 서랍에

숨겨 둔 보물 상자를 꺼내 왔어.

"암호가 뭐예요?"

"나도 몰라."

"모르면 어떻게 열어요? 자물쇠를 부숴요?"

"떽! 무식하게. 암호를 풀면 되지. 난 수학적 머리가 워낙 뛰어나서 고등보통학교(지금의 중학교) 수학 선생으로 위장한 탐정이었지. 이깟 암호는 눈 감고도 풀 수 있어. 너처럼 이름만 천재인 아이와는 완전 다르단 말씀!"

수학 때문에 유령에게까지 무시를 당하다니! 나는 기분이 팍 상해서 꽥 소리를 질렀어.

"난 안천재거든요. **성은 안, 이름은 천재.** 천재가 아니라고요. 그러니까 숫자 암호 같은 거 못 푸는 게 당연하죠. 그러니까 잘난 탐정 유령님 혼자 잘해 봐요."

"내 손가락은 사물을 잡을 수 없다고 했잖냐. 암호를 백 번 알아도 암호 자물쇠를 돌릴 수가 없다고. 그러니 천재가 아닌 안천재 너는 손가락만 빌려주면 돼. 머리는 똑똑한 내가 쓸 테니!"

나는 더욱 기분이 나빴지만 틀린 말은 아니기에 딱히

대꾸할 수 없었어. 탐정 유령이 암호를 풀 때까지 자물쇠를 돌릴 튼튼한 손가락을 쫙 펴고 기다리고 있을 수밖에.

탐정 유령은 자물쇠에 적힌 숫자를 뚫어지게 쳐다보며 중얼거렸어.

"이런 경우는 바깥쪽 숫자와 안쪽 숫자 사이의 규칙을 찾아야 해. 요렇게 더해 보고, 저렇게 빼 보고……. 옳지. 바깥쪽 숫자 12와 안쪽 숫자 7을 맞춰 봐."

"12와 7을 나란히요?"

나는 탐정 유령이 불러 준 대로 숫자를 맞췄어.

그러자 철컥 소리와 함께 녹슨 자물쇠가 열렸지. 나는 보물 상자 뚜껑을 들어 올렸어. 제발 상자 속에 다른 유령은 들어 있지 않기를 빌면서!

다행히 유령은 들어 있지 않았어. 누렇게 바랜 편지만 덜렁 들어 있었지.

"헤헤, 연애편지인가 봐요."

나는 편지를 쫙 펼쳐 보았어. 그런데 뭐라고 썼는지 하나도 모르겠더라. 계순이 누나가 암호 편지를 쓴 거야. 그것도 영어 암호. 뭐, 머리가 엄청 좋은 탐정 유령이야 암호 편지 따위는 금방 읽겠지.

탐정 유령은 암호 편지를 보자마자 부르르 떨었어.

IoeoWudomrye Ivyu.ol yuarm?

"어? 이거 뭐라고 쓴 거야? 뭐라는 거지?"

"암호 편지잖아요. 엄청엄청 똑똑하다면서 이건 몰라요?"

"엄청엄청 똑똑하다고 모든 걸 다 아는 건 아니거든! 똑똑한 유령에게도 약점은 있는 법!"

유령의 몸이 흐물흐물 무너졌어. 나는 한숨을 푹 쉬었지. 이제 유령의 기분까지 맞춰 줘야 하는 거야?

"약점이 뭔데요?"

"여…… 영어. 계순 씨는 나랑 같은 고등보통학교의 영어 선생님이었어. 그래서 영어로 암호 편지를 쓴 거야. 하지만 난 영어를 전혀 몰라. 히잉, 이걸 어째!"

정말 어째! 그 약점은 나도 도와줄 수 없는 거였어. 내 약점도 그거거든. 아니, 난 하나 더 있지. 수학도.

"어떡하죠? 나도 모르는데. 탐정 유령님도 알다시피 난 이름만 천재잖아요."

　나는 탐정 유령을 가만히 바라보았어. 풀이 팍 죽은 모습을 보니 좀 안 됐다는 생각이 들었지. 그 순간 탐정 유령은 고개를 싹 치켜들었어.
　"안천재! 밤마다 악몽 꾸기 싫으면 이 암호를 풀어 내."
　"그런 법이 어딨어요? 보물 상자만 열어 주면 떠나기로 했잖아요."

이거 열면 떠난다면서요?

　"몰라, 몰라. 난 이 편지를 읽어야 해. 그러니까 영어 암호는 네가 풀어."
　탐정 유령은 내 주위를 너울너울 날며 억지를 썼어. 더는 참을 수 없어. 보물 상자만 열어 주면 떠난다고 해 놓고 이젠 암호 편지를 풀어 내라니. 암호 편지를 풀고 나면 또 무슨 짓을 시킬지 누가 알겠어. 나는 겁이 나는 마음을 꾹꾹 누르며 딱 잘라 말했지.
　"싫! 어! 요!"
　"싫다고? 넌 그 말을 후회할걸!"
　"내 인생에 후회란 없어요!"

    어른스럽게 말했지만, 사실은 그 말을 하자마자 후회했어. 곧 악몽에 시달릴 테니 말이야.

  "안천재, 넌 결국 이 암호 편지를 풀게 될 거야. 인생이란 다 그런 거지, 뭐!"

  탐정 유령은 알쏭달쏭한 말을 남긴 채 뿅! 사라졌어. 어디로 갔을까?

숫자 암호를 풀어라!

탐정 유령이 시킨 대로 12와 7을 맞추니, 짜잔! 녹슨 자물쇠가 열렸지? 그렇다면 12와 7의 관계를 실마리로 다른 수들이 나열된 규칙을 찾아보자. 먼저 초록색 원의 바깥쪽과 안쪽에 있는 숫자를 짝지어 봐.

(12, 7), (3, 8), (7, 2), (6, 1) ……

어때, 뭔가 감이 오지? 그래 규칙은 바로 '**두 수의 차가 5가 된다.**'야.

인류 최초의 군사 암호

　인류 최초의 군사 암호 장치는 기원전 400년 무렵 스파르타(고대 그리스의 도시 국가 중 하나)에서 시작되었다. 스파르타의 장군들은 길이와 굵기가 같은 원통형의 나무 봉 2개를 나누어 갖고 암호를 전달했다. 가늘고 긴 양피지를 나무 봉에 나선형으로 둘둘 감고, 그 위에 메시지를 적은 뒤 양피지를 풀어서 보내는 방식이다. 양피지만 보면 무슨 뜻인지 알 수 없지만, 나누어 가진 나무 봉에 감으면 뜻이 드러난다.

　이 나무 봉을 '스키테일(scytale)'이라 하고, 이런 암호를 스키테일 암호라고 부른다.

　그럼 다음 스키테일 암호를 풀어 보자.

> 탐 천 정 재 유 는 령 어 이 서 나 피 타 하 났 라 다

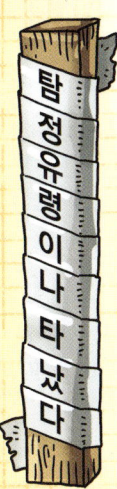

　그냥 보면 무슨 뜻인지 모르겠지만 스키테일에 감으면, 앞면에는 '탐정 유령이 나타났다', 뒷면에는 '천재는 어서 피하라'라는 글이 써 있음을 쉽게 알 수 있다.

3
할머니 유령의
테스트 통과하기

 탐정 유령이 사라진 지 며칠이 지났어. 그동안 난 한 번도 악몽을 꾸지 않았지. 암호를 풀어 주지 않으면 밤마다 악몽을 꾸게 할 거라더니 말뿐이었나 봐. 그래도 나는 안심할 수 없어서 늘 주위를 두리번거렸어. 특히 화장실에서는 꼭 등 뒤를 돌아보았어.
 점심을 먹고 학교 화장실에서 오줌을 누고 있을 때였어. 웬 할머니가 사투리를

팍팍 쓰며 들어왔지.

"아이고, 여기가 뒷간 맞어? 겁나게 깨끗하구먼. 밥을 해 먹어도 쓰겄어."

"할머니, 여긴 남자 화장실이에요."

나는 얼른 바지를 여미며 소리쳤어. 할머니는 순간 주름진 눈을 번뜩이며 웃었어. 마치 기다리던 뭔가를 본 것처럼…….

"너, 내가 보이냐? 참말로, 탐정 유령 말이 맞네."

할머니를 왜 못 본다는 거야? 내 눈이 얼마나 좋은데, 너무 좋아서 할머니 발이 둥둥 떠 있는 것까지 다 보이는……. **으허헉! 순간 온몸에 소름이 쫙 돋았어.**

막 주저앉으려는 순간, 겁에 질린 표정으로 나를 뚫어져라 보는 지한이를 발견했지.

"처…… 천재야, 너 지금 누구랑 말하는 거야?"

나는 가장 친한 친구 지한이에게 다 털어놓고 싶었어. 하지만 지한이는 겁이 너무 많아서 큰 개 앞을 지나갈 수조차 없는 애야. 그런 지한이에게 유령 이야기를

털어놓으면 울면서 도망가겠지! 제일 친한 친구랑 그렇게 찢어질 수는 없어.

"아무것도 아니야. 그냥 장난친 거야. 헤헤, 헤헤."

나는 지한이의 등을 떠밀며 화장실에서 나왔어. 할머니 유령이 동동동 내 뒤를 따라왔지.

"아가, 내 말 좀 들어봐라. 응? 아이고, 천천히 좀 가거라. 넌 경로우대도 모르냐? 난 늙어서 힘이 없다구."

할머니 유령은 힘이 없다면서 졸졸졸 잘도 따라왔어. 왈칵 눈물이 났어. 도대체 내가 왜 유령한테 시달려야 하지? 내가 뭘 잘못했다고……. 아 참, 잘못했지. 팔라우에서 보물 상자를 훔쳤지.

"지한아, 먼저 교실에 들어가. 난 운동장에 두고 온 게 있어서."

나는 운동장으로 쏜살같이 달려갔어. 늙어서 힘이 없다더니 할머니 유령도 씽씽 나를 쫓아왔지. 나는 주변에 아무도 없는 것을 확인하고 물었어.

"뭐예요? 왜 어린이를 괴롭혀요?"

"괴롭히다니. 난 네게 부탁을 하러 왔을 뿐이야. 날 좀 도와다오, 애야."

"싫어요. 도우려면 할머니가 절 도와야죠. 할머니는

어른이고 난 어린애니까."

"하지만 네가 유령 부탁을 다 들어준다고 하던걸?"

할머니 유령은 고개를 갸웃거렸어. 얼굴에 가득한 주름이 쭈그렁쭈그렁 흔들렸지.

"전 유령 싫어요. 그러니까 제 앞에 나타지 마세요."

"이상하다. 지금 유령 세계에는 네가 유령의 부탁을 들어주는 유령 심부름센터를 열었다는 소문이 자자해."

"말도 안 돼요! 유령 심부름을 해 주고 싶은 인간 어린이가 어디 있어요. 그건 다 헛소문이에요. 탐정 유령인가 하는 욕심쟁이에 거짓말쟁이인 나쁜 유령이 낸 헛소문이라고요. 그 사람, 아니 그 유령 말은 절대 믿지 마세요."

나는 빽빽 소리를 질렀어. 어디선가 탐정 유령이 듣고 있다면 당장 나타나라고 말이야. 할머니 유령은 나를 측은한 눈빛으로 바라보았어. 내가 불쌍하게 느껴졌겠지? 그럼 내게 부탁 같은 건 안 하겠지? 이제 날 떠나겠지?

난 최대한 순진하게 눈을 깜빡이며 속삭였어.

"할머니, 전 어리고 약한 어린이예요. 누구 부탁을 들어줄 능력이 없어요."

"아가!"

할머니 유령이 부드러운 목소리로 나를 불렀어. 드디어 불쌍한 척이 통했구나!

"아가, 약한 소리 마. 넌 천재잖아. 내 부탁쯤은 식은 죽 먹기일 거야."

"전 천재가 아니에요. 제 이름은 안천재. 전 천재가 아니라 바보예요. 유령 부탁 같은 거 못 들어주는 바보, 돌머리, 아시겠어요?"

할머니는 골똘히 나를 쳐다보았어. 그러더니 갑자기 문제를 내지 뭐야.

"우리 동네에 삼식이와 차돌이라는 두 총각이 살았어. 어느 날 삼식이와 차돌이는 새총으로 결투를 했지. 아마 좋아하는 여자를 두고 벌인 결투였을 거야. 삼식이와 차돌이는 둘 다 새총을 엄청 잘 쐈거든. 두 사람은 상대방의 머리에 새총을 맞춰 결투에서 이겼어. 그런데 삼식이도, 차돌이도 새총을 맞지

않았어. 둘 다 다치지 않은 거야. 어떻게 된 걸까?"

"몰라요. 제가 그걸 어떻게……."

처음부터 나는 문제를 풀 생각이 없었어. 문제를 풀면 진짜 천재라며 도와달라고 들러붙을 게 뻔하잖아. 그런데 신기한 일이 일어났어. 나도 모르게 입이 벌어지더니 정답을 술술 말하는 게 아니겠어?

"삼식이와 차돌이가 결투를 했다고 말했지, 둘이서 했다고는 말하지 않았어요. 그러니 두 사람이 각각 다른 사람과 결투를 한 거예요."

내 입에서 나온 소리지만 믿어지지 않았어. 내 머리가 시킨 말은 아니었거든.

"오! 역시 천재 맞구먼. 아이고, 학교 종이 치네. 공부

다하고 보자. 학생은 공부를 열심히 해야 하는 법이니까."

할머니 유령은 씨익 웃으며 하늘로 사라졌어. 그 자리에 희끄무레한 탐정 유령이 모습을 드러냈지. 이게 다 탐정 유령의 짓이었어. 탐정 유령이 정답을 맞히게 한 거라고. 아우!

새총에 맞은 사람은 누구일까?

이상하지? 둘 다 상대를 새총으로 맞혔는데, 둘 중 누구도 새총에 맞지 않았다니 말이야.
수학 문제를 잘 풀고 싶다면, 가장 먼저 무엇부터 해야 하는지 알아? 그건 바로 **'문제를 이해한다.'**야.
그럼, 우리 문제를 다시 살펴볼까?

① 삼식이와 차돌이는 새총으로 결투를 했다.

② 둘 다 상대방을 새총으로 맞춰 결투에서 이겼다.

③ 삼식이와 차돌이는 새총에 맞지 않았다.

문제를 꼼꼼히 읽고, 문제를 이해하려고 노력해 봐.
어때? 둘 다 새총에 맞지 않은 이유는? 그래. 삼식이와 차돌이가 각각 다른 사람과 결투했기 때문이야. 결국 새총에 맞은 사람은 삼식이의 결투 상대와 차돌이의 결투 상대인 거지.

4

반지를 훔친 진짜 범인을 찾아라

수업이 끝나자마자 할머니 유령이 나타났어. 할머니 유령은 집에 가는 나를 졸졸 따라오며 말했지.

"이제 날 도와줄 시간이여! 내 부탁은 아주 간단해. 진짜 범인을 가려내서 내 누명을 좀 벗겨 주란 말이여. 누명만 벗겨 주면 다시는 안 나타날 거여. 어디 그뿐이냐? 유령 세계로 돌아가서 천재가 사실은 유령 심부름센터를 차리지 않았더라. 그러니까 절대로 천재를

찾아가지 마라. 이렇게 소문도 내 주마. 어떠냐?"

"정말요?"

할머니 유령은 고개를 끄덕이고 새끼손가락을 흔들며 약속을 했어.

"알았어요."

나는 사람들이 잘 안 다니는 성당 뒤 벤치로 할머니 유령을 데리고 갔어.

"하필이면 성당이냐? 넌 유령에 대한 배려심이 눈곱만큼도 없구나."

할머니 유령은 투덜거리면서도 내 옆에 앉아 자기 이야기를 털어놓았어.

"나는 경성(서울의 전 이름)에서 가장 큰 금은방의 점원이었어. 우리 가게에는 점원이 넷이었지. 가게 주인의 후배인 두식, 두식의 여자 친구이자 내 친구인 말순, 과거를 알 수 없는 형자, 그리고 나 경자. 우리는 모두 가난했지만 열심히 일하는 성실한 사람들이었지.

어느 날 우리 금은방에 엄청 큰 진주 반지가 들어왔어. 서울에서 손꼽히는 부자가 결혼 반지로 맞춘 거야. 말순이는 주인이 없을 때 몰래

진주 반지를 끼어 봤어. 그런데 진주 반지가 말순이의 퉁퉁한 손가락에는 들어가지 않았어.

'아유, 요 예쁜 것. 손가락에 끼면 참말로 예쁘겠는데. 경자야, 네가 끼어 볼래?'

'싫어. 그러다 누가 보면 어쩌려고.'

나는 손사래를 쳤어.

'괜찮아. 끼어만 보는데 어때?'

말순이는 내 손가락에 억지로 반지를 끼웠어. 하필이면 그때 주인어른이 들어왔지 뭐야.

'제가 끼려던 게 아니라……. 말순이가 그러니까…….'

나는 얼른 반지를 빼며 말순이를 쳐다보았어. 말순이는 시치미를 뚝 떼고 일하는 척을 했지. 주인어른은 이마를 찌푸렸지만 나를 야단치지는 않았어. 그래도 나는 몸 둘 바를 몰랐지. 금은방에서 일한 덕분에 동생들을 굶기지 않고 학교에도 보내는데 주인어른의 의심이라도 사면 큰일이잖아. 말순이도 그래서 내 편을 들지 못했을 거야. 말순이가 금은방을 그만두면 아홉이나 되는 동생들이 당장 굶어야 했으니까.

일을 끝내고 집에 가는 길에 말순이가 내 손을 꼭 잡고 말했어.

'경자야, 아까는 정말 미안했어.'
'괜찮아.'

나는 정말 괜찮았어. 말순이 마음을 충분히 이해할 수 있었으니까.

그날 밤, 나는 깜박하고 안 가져온 도시락 통을 가지러 금은방에 갔어. 그런데 불이 꺼진 어두운 금은방에서 형자가 나오고, 조금 있으니까 뒷문으로 두식이가 나오는 거야. 벌써 퇴근을 했어야 할 사람들이 왜? 나처럼 도시락 통을 깜박했나? 기분이 조금 이상했지만 나는 도시락 통만 가지고 나왔지.

다음 날 금은방이 발칵 뒤집혔어. 진주 반지가 없어진 거야. 경찰이 세 명이나 출동하고, 동네 사람들은 무슨

구경거리라도 생긴 듯 몰려들었어. 그 한가운데에서 주인어른은 나를 가리키며 소리쳤어.

'경자가 어제 진주 반지를 끼어 봤어요.'

'아니에요. 전 정말 아니에요.'

나는 두 손을 내저었어. 경찰은 점원들을 차례로 불러 물었어.

'진주 반지를 누가 훔친 것 같소?'

두식이 아니면 형자예요.
어젯밤 도시락 통을 가지러 갔다가
두 사람이 가게에서 나오는 것을 봤어요.

말순이요. 말순이가 엄청 탐냈거든요.
원래 좀 허영기가 있어요.

사실은, 어젯밤에 경자가 가게에 왔다 갔어요.
의심하고 싶진 않지만 경자 같아요.

내가 그랬어요. 내가 그랬다고요.

경찰은 우리 말을 다 듣고 난 뒤 말했어.

'범인은 바로 경자, 당신이요.'

'아니에요. 전 범인이 아니에요.'

나는 눈물을 흘리며 호소했어. 하지만 주인어른은 경찰 말만 믿고 나를 해고한 뒤 반지 값도 물어내라고 했어. 결국 우리 식구들은 반지 값을 물어내느라 단칸 초가집을 팔고, 전국으로 떠돌아다니며 엄청나게 고생을 했단다. 나는 죽은 뒤에도 범인을 찾느라 고생고생 생고생 중이지. 지금까지 내가 알아낸 사실은 우리 넷의 말 중에서 나만 진실을 말했다는 거야. 다른 사람들은 다 거짓말을 했대.

도대체 범인이 누굴까? 누가 진주 반지를 훔쳐가고 내게 누명을 씌웠을까? 네가 좀 찾아 줘."

듣고 보니 할머니가 참 안 됐더라. 그래도 나는 범인을 찾아 줄 수 없었어. 나는 그런 능력이 없다고!

"죄송해요. 근데 경찰도 못 찾은 범인을 제가 어떻게 찾아요?"

나는 도리도리 고개를 흔들었어. 그러자 할머니는 푹 쭈그리고 앉아 엉엉 울음을 터트렸어. 엄마를 잃어버린 어린애마냥 서럽게 엉엉, 또 엉엉. 유령이, 그것도 할머니 유령이 우는 걸 처음 본 나는 뭘 어떻게 해야 할지 몰랐어.

"할머니, 정말로 저는 못해요. 죄송해요."

나는 할머니 유령을 피해 달아났지. 그런데 할머니 유령은 엉엉 울면서, 흑흑 흐느끼면서, 어흐흐흐 울부짖으며 나를 쫓아다니는 거야. 밥 먹을 때도, 화장실 갈 때도, 수학 문제 풀 때도……. 어흐흐, 어흐허, 어허헝. 할머니 유령의 울음소리는 내 귀를 뚫고 들어가 뇌까지 흔들어 댔어. 나는 결국 참을 수 없어서 이렇게 외쳤지.

"탐정 유령님, 좀 도와줘요. 범인을 찾게 좀 도와줘요."

내 말이 떨어지자마자 탐정 유령이 펄럭펄럭 날아왔어.

"나 말이냐? 날 찾았냐? 내가 널 도와주면 너도 암호 편지를 풀어 줄 거지?"

나는 꺼이꺼이 울면서 고개를 끄덕였어.

"좋아! 시작한다. 이건 단순한 범인 찾기가 아니야. 수학이지."

탐정 유령은 내 방 벽에 표를 쫙 그었어. 말릴 새도 없었지.

"경자 할머니 말이 사실이니 나머지 사람들의 말은 모두 거짓으로 생각하면 돼. 그럼

누가 범인인 줄 알겠지?"

 탐정 유령이 검은 눈을 번쩍거리며 물었어. 나와 할머니 유령은 동시에 고개를 좌우로 흔들었지.

 "이런, 수학의 '수' 자도 모르는 아이와 할머니 유령 같으니라고! 나머지 사람들의 말을 거짓으로 놓고 범인을 추리해 보란 말이야."

 나와 할머니 유령은 또 고개를 도리도리 흔들었어. 이번에는 탐정 유령도 고개를 도리도리 흔들며 범인을 콕 집어 말해 주었지.

 "범인은 두식이야."

 "역시! 탐정 유령님은 수학 천재라더니 다르네요! 경자 할머니, 이제 됐죠? 범인을 알았으니까 그만 제 곁을……."

 난 할머니 유령에게 내 곁을 떠나달라고 당당하게 말하려고 했어. 그런데 할머니 유령은 뭐가 급했는지 인사도 없이 벌써 사라져 버렸더군.

 "자, 이제 내 암호 편지 차례네."

 "알았어요! 내가 과학수사대에 물어봐서라도 해결해 줄 테니 걱정 말아요!"

 나는 일단 큰소리부터 땅땅 쳤어. 뭘 믿고 그랬냐고? 암호 편지는 지한이의 누나인 지해 누나에게 물어보려고

지해 누나는 대학생이니 영어도 잘하고 암호도 잘 풀겠지. 지한이가 어디서 난 편지냐고 물으면 좀 곤란하지만, 설마 유령에게 쫓기는 것보다 더 곤란하겠어?

어떻게 범인을 찾았을까?

이런 문제는 단서를 먼저 찾아야 해. 이 문제의 단서는 **'경자 할머니만 진실을 말했다.'**야. 그러므로 나머지 셋의 말은 모두 거짓말이지. 거짓을 참으로 바꿔 표를 완성해 보자.

	경자	두식	말순	형자
거짓		말순이가 범인이다.	경자가 범인이다.	내가 범인이다.
참	두식이 아니면 형자가 범인이다.	말순이는 범인이 아니다.	경자가 범인이 아니다.	내가 범인이 아니다.

두식이 아니면 형자가 범인인데, 형자는 범인이 아니므로, 범인은 바로 **두식**이야.

수학의 비밀을 누설한 수학자

> "우리의 비밀을 바깥 세상에 발설하는 자,
> 살아남지 못하리."

고대 그리스의 수학자 피타고라스와 제자들에겐 엄한 규칙이 있었다. 그들은 자기들이 얻은 모든 것을 절대로 다른 사람과 나누려고 하지 않았다. 피타고라스는 세상의 모든 수는 분수로 나타낼 수 있는 유리수라고 생각했다. 하지만 어느 날 분수로 나타낼 수 없는 수를 발견하고 고민에 빠졌다.

'새로운 수를 받아들이면 내 명성이 한순간에 무너질 거야.'
피타고라스는 제자들에게 엄한 명령을 내렸다.
"새로 발견한 수를 절대로 입 밖에 내지 마라."

그런데 피타고라스의 제자 히파수스가 새로운 수를 사람들에게 몰래 알리고 말았다. 화가 난 피타고라스는 제자들과 함께 히파수스를 물속에 빠뜨려 죽였다.

피타고라스가 그렇게 감추려고 했던 새로운 수인 무리수는 어떻게 됐을까? 결국 무리수는 사람들에게 알려졌고, 지금은 루트($\sqrt{}$)라는 수학 기호를 사용해 쓰여지고 있다.

5

탐정 유령,
네 실체를 공개하라

나는 보물 상자를 넣어 둔 책상 서랍을 열었어. 그런데 이게 어떻게 된 일이지? **보물 상자가 감쪽같이 사라진 거야.**

"없어졌어요."

"뭐라고? 내 사랑 계순 씨가 준 보물 상자를 잃어버렸어?"

탐정 유령이 불같이 화를 냈어. 나는 탐정 유령에게 서랍을 탈탈 털어 보여 주었어.

"탐정 유령님, 정말 미안해요. 여기 넣어 뒀는데

없어졌어요."

"안 돼! 아직 무슨 내용인지도 모르는데……."

탐정 유령은 몸을 작게 만들어 서랍 속으로 쑥 들어갔다가 한참 뒤에 먼지를 뒤집어쓴 채 나왔어.

"없어. 없어. 진짜로 없어. 어디로 갔지?"

탐정 유령은 천장 위로 너울너울 날기 시작했어. 어지럽게 뱅뱅 돌면서 골똘히 생각하는 것 같았어.

"괜찮아. 네가 찾아내면 되지. 그것도 당장! 넌 보물 상자를 찾을 때까지 이 방에서 못 나갈 줄 알아!"

탐정 유령은 몸을 검게 만들더니 방문 앞에 찰싹 달라붙었어.

"싫어! 나갈 거예요. 나갈 거라고!"

나는 발을 동동 구르며 소리쳤어. 그깟 보물 상자가 뭐길래 날 이렇게 힘들게 하는 거야? 너무 힘들어서 화가 났어. 그러다 번쩍 드는 생각!

"탐정님은 유령이잖아요. 유령은 사물의 몸을 그냥 통과한다고 했죠? 그럼 나도 유령의 몸을 통과해서 나갈 수 있죠."

좀 징그러웠지만 나는 손잡이를 잡기 위해 유령의 몸에 손을 푹 찔러 넣었어. 내 손은 유령의 몸을 통과하여

문 손잡이를 잡겠지? 그런데 유령의 몸에 손을 넣은 순간 온몸이 짜릿해지며 힘이 쭉 빠지지 뭐야.

"앗! 전기."

"맞아. **유령에게 분노는 최고의 에너지거든.** 화가 나면 나는 몸에 전기를 흐르게 해. 감전되지 않으려면 포기하고 보물 상자나 찾아."

하는 수 없이 나는 책상 서랍을 뒤지고, 옷장을 뒤지고, 침대 밑을 뒤졌어. 보물 상자는 없었어. 나는 탐정 유령의 눈치를 보며 고개를 절레절레 저었어. 탐정 유령은 또 화가 나는지 전기를 온몸에 흘려보내며 번쩍거렸어. 나는 뒷걸음치며 뒤로 물러났어.

그때 문이 벌컥 열리더니 지한이가 들어왔어.

"으아앗."

지한이는 탐정 유령의 분노 전기에 감전되고 말았어. 탐정 유령이 재빨리 전기를 멈췄기에 망정이지 하마터면 지한이의 머리카락까지 홀랑 탈 뻔했지 뭐야.

 겨우 정신을 차린 지한이가 나를 원망스러운 눈으로 쳐다보았어.

 "**안천재, 너, 무슨 장난을 친 거야? 죽을 뻔했잖아.** 도대체 문에다 뭘 단 거야?"

 유령이랑 실랑이 하느라 지치기도 하고, 변명할 거리도 생각나지 않고, 나는 그냥 사실대로 말했어. 팔라우에서 가져온 보물 상자와 탐정 유령, 전에 나타났던 할머니 유령까지.

 "넌 유령을 무서워하니까, 네가 절교 선언을 해도 어쩔 수 없어."

 나는 최대한 불쌍하게 말했어. 그런데 지한이는 푸하하하 요란하게 웃어 댔어.

 "야! 안천재. 너 지금 나더러 그걸 믿으라는 거냐? 유령까지는 그렇다 쳐. **무슨 유령이 수학 문제를 푸냐?** 세상에 수학을 할 줄 아는 유령이 어딨다고. 자기가 뭐 피타고라스 유령이래, 가우스 유령이래? 아님 우리나라 사람이니까 최석정(조선시대 최초의 수학자) 유령이래?"

 지한이는 배꼽을 잡고 깔깔거렸어. 그러다 갑자기 평소에 잘 짓는 진지한 표정으로 돌아왔지.

 "너, 내가 유령을 무서워한다고 놀리는 거지? 친구끼리

약점을 후비는 거 아니야. 가끔 너는, 나를 무시해."

지한이는 뜬금없는 소리를 하고 돌아섰어. 그대로 가 버릴 것처럼 말이야. 나는 펄쩍 뛰어가 지한이의 다리를 꽉 붙잡았어. 지한이가 소스라치며 나를 밀쳤지.

"왜 이래? 징그럽게!"

하지만 나는 지한이 다리를 놓지 않았어. 유령 때문에 가장 친한 친구랑 찢어질 순 없지. 나는 탐정 유령에게 소리쳤어.

"탐정 유령님 지한이한테 얼굴 좀 보여 주세요. 네? 네?"

탐정 유령은 어깨를 으쓱거렸어.

"사람한테 몸을 보이려면 얼마나 에너지가 많이 필요한 줄 알아? 내가 그런 짓을 왜 해? 그 녀석이 보물 상자를 찾아 줄 것도 아닌데."

"지한이가 찾아 줄 거예요. 지한이는 우리 반 일등이라고요. 진짜로 머리가 똑똑하니까 나보다 빨리 찾을 거예요. 네?"

"글쎄, 고 녀석이 똑똑한지 아닌지 내가 알 게 뭐냐?"

탐정 유령은 내 말을 믿어 주지 않았어. 하는 수 없이 난 지한이를 테스트할 수학 문제를 내달라고 사정했지. 수학이라면 질색을 하는 내가 수학 문제를 내달라고,

다른 사람도 아닌 유령에게 사정을 했단 말이야!

"좋아. 나랑 숫자 게임을 해서 이기면 믿어 주지. 1부터 숫자를 하나, 또는 두 개를 부르는데, 먼저 100을 부르는 사람이 이기는 게임이야. 내가 먼저 시작한다. 1."

"지한아, 100 먼저 외치기 게임. 숫자를 한 개나 두 개 부를 수 있대. 탐정 유령이 1이라고 했어."

나는 지한이의 다리를 놓치지 않고 말했어.

"너 지금 뭐 하는 거야? 진짜 이상한 거 알아?"

그래도 나는 1만 외쳤지. 결국 지한이가 말했어.

"2, 3."

"4."

탐정 유령과 지한이는 하나, 또는 두 개의 숫자를 부르며 게임을 계속했어.

"95."

탐정 유령이 말했어. 나는 탐정 유령이 부른 숫자를 지한이에게 다시 불러 주었어.

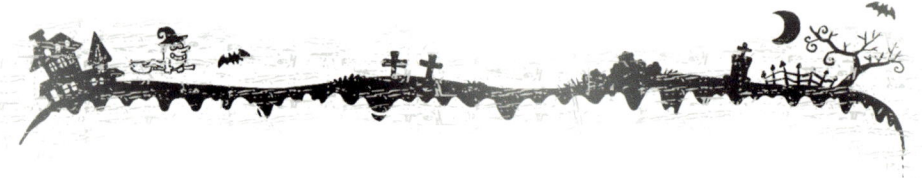

"96, 97."

지한이가 말했어. 순간 탐정 유령의 얼굴이 일그러졌어.

"에잇! 내가 졌다. 네 친구, 정말 똑똑한 아이로군. 자존심 상해."

탐정 유령의 몸이 붉으락푸르락 달아올랐어. 난 탐정 유령이 왜 끝까지 해 보지도 않고 졌다고 하는지 알 수 없었지. 지한이가 내 마음을 눈치 채고 말해 주었어.

"내가 97을 불렀기 때문이야. 유령이, 물론 네 장난이 아니라 진짜로 있다면 말이야. 유령이 98을 부르면 내가 99, 100을 불러 이길 수 있어. 유령이 98, 99를 부른다면 내가 100을 불러 이길 수 있고."

"우와! 신기하다. 어떻게 그렇게 되는 거야?"

나는 꼭 잡은 지한이의 다리를 놓아 주며 물었어. 지한이는 잠시 생각하는 듯하더니 헤 웃었어.

"나도 잘 몰라. 누나랑 해 본 게임이라 이기는 법만 알지."

뭐, 상관없어. 수학 게임의 원리 같은 거, 몰라도 좋아. 지금 내게 필요한 건 내 친구에게 유령을 보여 주는 거니까.

"약속대로 지한이에게 몸을 보여 줘요."

탐정 유령은 마지못해 몸을 흐물흐물거리더니 반투명의 몸을 보여 주었어.

"자, 봤지? 난 잘생기고 수학 잘하는 탐정 출신 유령이야. 내 몸을 오래 보여 줄 순 없어. 내 테스트에 통과했으니까 넌 이제 천재를 도와 보물 상자를 찾고, 어서 암호 편지를 풀어 줘. 아니면 밤마다……."

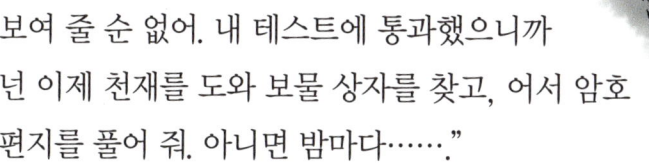

탐정 유령은 몸을 확 키워 지한이 코앞으로 쑥 다가갔어. 그러고는 차가운 입김을 불며 속삭였지.

"……네 꿈에 나타나 악몽을 꾸게 해 줄 테다. 흐흐흐."

지한이는 겁에 질려 눈이 왕눈이만큼 커지더니 스르르 그 자리에 쓰러졌어.

"그럼 이만."

탐정 유령은 원래의 안 보이는 몸으로 돌아갔어. 지한이의 눈앞에서는 완전 사라지고 내 눈에만 보이는 몸으로 돌아간 거야.

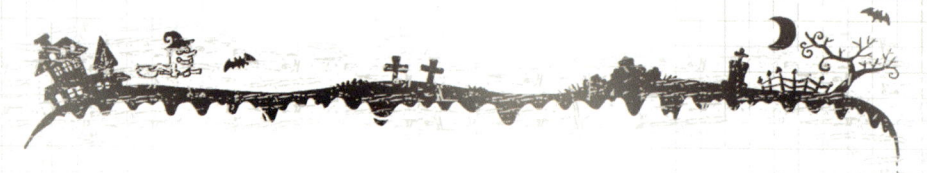

"지한아, 이제 내 말 믿지? 날 좀 도와줘."

나는 지한이의 어깨에 손을 짚었어. 지한이의 어깨가 덜덜 떨렸어. 하지만 난 지한이가 엄청 더 가깝게 느껴졌어. **우린 함께 유령을 본 사이잖아.**

"지한아, 아직도 무섭냐? 근데 탐정 유령 형아는……."

지한이가 조금이라도 덜 무섭게 느끼기를 바라는 마음으로 특별히 유령 형아라고 불러 주었어.

"저 유령 형아는 별로 안 무서워. 나한테도 악몽 어쩌고 했는데 한 번도 악몽 꾸지 않았어."

그래도 지한이는 계속 누워만 있었어.

"다리에 힘이 없냐? 일으켜 세워 줄까? 우리 보물 상자를 어떻게 찾을지 의논도 해야 하고……."

지한이는 손을 내저으며 아주 작은 소리로 말했어.

"천재야, 아무것도 묻지 말고 바지만 하나 빌려줘."

"바지? 왜?"

지한이는 대답을 하지 않았어. 아! 지한이가 말하지

않아도 나는 그 이유를 짐작했어. 나는 아끼는 운동복 바지를 빌려주고 방을 나갔어. 지한이는 내 바지로 갈아입고 묵묵히 집으로 돌아갔어.

숫자 게임에서 이기는 비결은?

숫자 게임에서 이기려면, 100-3=97, 97을 먼저 외쳐야 해. 왜 97이냐구? 내가 100을 외쳐 게임에서 이기는 경우를 예로 들어, 거꾸로 생각해 보자.

어때! 내가 97을 먼저 외친다면, 숫자 게임에서 여유롭게 100을 외칠 수 있겠지? 물론 상대가 97을 먼저 외쳐도 운 좋게 내가 100을 외칠 가능성도 있지. 하지만 그런 경우는 상대가 숫자 게임을 잘 이해하지 못했을 때만 가능할걸?

무시무시한 개를
피하는 방법은?

지한이에게 탐정 유령을 털어놓은 뒤, 내 마음이 얼마나 편해졌는지 몰라. 하지만 미안하게도 지한이는 그런 것 같지 않아. 지한이는 나랑 같이 있을 때마다 안절부절 못하면서 '혹시, 지금도 옆에 있어?'라고 묻곤 해.

그래도 지한이는 나랑 계속 친구 하겠대. 어려움을 함께 하는 친구가 진짜 친구라나? 완전 감동. 나도 약속했지.

"네가 큰 개한테 쫓기게 되면 내가 꼭 막아 줄게!"

우리는 지한이의 영특한 머리와 나의 뛰어난 재치로 최대한 빨리 보물 상자를 찾아낸 뒤 암호 편지를 읽어 줘 버리기로 했어. 그럼 끔찍한 유령도 영영 안녕이다!

학교에서 지한이와 내가 머리를 맞대고 작전을 짜고 있는데, 느닷없이 주리가 우리 등을 쳤어.

"둘이 딱 붙어서 뭐 하냐?"

"아무것도 아니야!"

우리는 동시에 소리쳤어.

"어? 뭔가 이상한데? 나만 빼고 무슨 꿍꿍이가 있는 거지? 나도 끼워 줘라. 응?"

주리한테 유령 이야기를 할 수는 없지. 주리는 해골, 드라큘라, 유령같이 이상한 걸 너무 좋아하니까. 한마디로 공포의 여왕이야. 아마 내가 유령을 볼 수 있다고 하면 온갖 괴상한 질문과 부탁을 할걸. 우리 학교는 물론 온 서울시에 소문을 퍼트리고, 인터넷에 떠들고 다닐 거야. 그럼 나는 유령을 보는 완전 이상한 애로 소문이 나게 되겠지. 나는 지한이에게 눈짓으로 아무 말도 하지 말라는 신호를 보냈어. 근데 눈치 빠른 주리가 알아챘어.

"뭐야? 진짜 수상해."

주리는 내 앞에 앉아 본격적으로 캐낼 기세였어. 그때

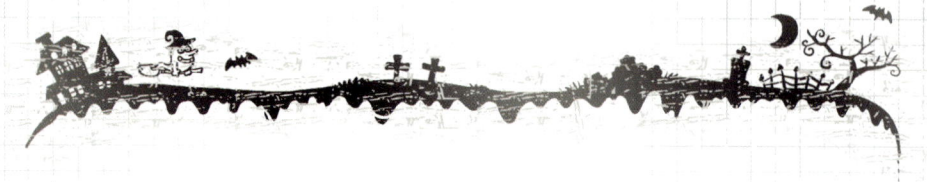

수업 종이 울렸어.

"지금은 초대장만 주고 갈게. 나중에 다 말해 줘야 해."

주리는 생일 초대장을 던지고 제자리로 돌아갔어.

검은색 바탕에 12개의 빨간 촛불이 타고 있는, 주리만큼 요상한 초대장을 보고 나는 군침을 꿀꺽 삼켰어. 주리 엄마는 요리사야. 주리랑 우리는 같은 어린이집, 같은 유치원을 나왔어. 그래서 주리의 다섯 살 생일 파티부터 쭉 갔는데, 음식이 환상이야. 나는 또 군침을 삼켰어. 그때 탐정 유령이 나타나 내 환상을 깨뜨리고 말았지.

"안천재, 너는 주리의 생일 음식을 못 먹을 거야."

"난 먹을 거예요. 그것도 아주 많이."

나는 큰 소리로 말했어. 수업이 시작한 것도 깜빡하고 말이야. 선생님은 나를 노려보고 아이들은 키득거렸어. 창피해서 몸이 작아지는 것 같았어.

드디어 주리의 생일날이 되었어. 지한이와 나는 학교 앞 문방구에서 선물을 사느라 약속 시간보다 한참 늦었어. 주리는 학교 뒤쪽 산 아래 주택에서 살아. 넓은 마당이 있는 2층집. 마당에는 잔디가 깔려 있고, 화단에는 꽃이 피어 있고, 대문 앞에는 커다란 괴물 삽살개가……

나는 걸음을 멈추었어. 덩치가 코끼리만 하고 무시무시한 삽살개는 나와 지한이를 엄청 미워했어. 우리만 보면 **침을 뚝뚝 흘리며 으르렁거렸지**. 우리를 미워한 이유는 물론 나 때문이야. 내가 유치원생이라 철이 없을 때, 공을 몇 번 던지고, 개 껌으로 좀 놀리고, 밥그릇을 좀 엎었으니까. 지한이는 아무 짓도 안 했어. 무서워 벌벌 떨기만 했거든. 오늘도 개가 으르렁대고 그러면 어쩌지? 지한이한테 큰 개한테 쫓기게 되면 막아 준다고 했는데 도망갈 수도 없고. 한숨이 절로 나왔어.

"후유, 지한아, 근데 괴물 삽살개를 어쩌냐?"
"아! 주리네 삽사리? 그 개 몇 달 전에 죽었대."
"정말? 그럼 이제 없겠네?"

"응, 새끼 강아지 삽돌이도 잃어버렸대."

역시 개를 무서워하는 지한이는 개에 대한 정보를 쫙 꿰고 있었어. 내 발걸음은 한층 가벼워졌어.

주리네 대문은 열려 있었어. 우리를 위해 미리 열어 두었나 봐. 나는 대문 안으로 당당하게 들어갔어. 그런데 개 짖는 소리와 함께 엄청 큰 삽살개가 달려드는 거야.

"으헉! 삽사리가 있잖아."

나는 재빨리 대문 밖으로 달아났어. 다행히 삽사리는 나를 쫓아 나오지 않았어. 삽사리의 목줄이 마당의 나무에 매여 있어서 못 쫓아온 거였어. 그런데 목줄은 꽤 길어서 내게 달려들지는 못해도 현관 앞은 충분히 가로막았어. 삽사리가 지키고 있는 한, 우리는 집 안으로 들어갈 수 없었어.

"삽사리가 무서워서 못 들어가겠어. 목줄이 길어서 현관까지 쫓아오겠어. 어쩌지?"

지한이의 입술이 바르르 떨렸어. 역시 지한이는 개를

너무 무서워해.

"개, 개라니! 혹시 개, 개 유령? 천재 네가 개 유령까지 볼 줄은 몰랐어. 사람 유령만 볼 줄 알았지."

개 유령? 그럼 저 으르렁거리는 개가, 나를 잡아먹을 듯 달려드는 삽사리가 유령이라고? 나는 대문 안으로 고개만 쏙 집어넣고 다시 살펴보았어. 내 눈엔 분명히 보였지. 덥수룩한

털을 흔들며, 침을 뚝뚝 떨어뜨리며 무섭게 짖는 삽사리.

"너 유령이냐?"

"으르르. 컹컹컹."

아이고, 개의 말을 알아들을 수도 없고.

"지한이 너는 진짜 안 보여? 진짜야?"

지한이는 진지하게 고개를 끄덕였어.

"그럼 들어가자. 유령인데다가 목줄까지 걸려 있는데 우릴 해치겠냐? 얼른 들어가서 맛있는 거 먹자."

나는 성큼 대문 안으로 들어갔어. 삽사리 유령은 또 무섭게 나를 향해 뛰어나왔지. 으허허헉, 나는 또 대문

밖으로 달아났어. 유령이니까 나를 물지 못할 것 같지만 막상 맞부딪치니까 무서운 걸 어떡해!

"내가 말했잖냐. 너는 오늘 이 생일 음식을 못 먹을 거라고. 파티는 벌써 시작되었단다!"

탐정 유령이 불쑥 나타나 약을 올렸어.

"먹을 거라고요. 먹을 수 있다고요."

내가 소리 지르자 지한이가 놀라서 쳐다보았어.

"유령이 또 나타났어?"

"그래. 지한아, 네가 먼저 들어가 봐. 너는 유령을 못 보니까 삽사리 유령이 너는 안 건드릴지도 몰라."

나는 지한이의 등을 떠밀었어. 지한이는 대문 안에 한 발을 내려놓았어. 워낙 개를 무서워하는 애라 개가 안 보이는데도 두 다리를 달달 떨고 있었지. 지한이의 발이 대문 안에 들어서자 삽사리 유령은 또 코를 크르릉 거리며 달려들었어. 순간 지한이에게 한 약속이 떠올랐지.

'네가 큰 개한테 쫓기게 되면 내가 꼭 막아 줄게.'

지한이는 나머지 한 발을 마저 대문 안에 내려놓고는 천천히 몇 발짝 걸어갔어. 삽사리 유령은 몸을 낮추며 크르릉 크르릉 다가갔어. 이런, 지한이가 한 발만 더 내딛으면 삽사리 유령이 지한이의······.

"안 돼!"

나는 지한이 앞으로 뛰어들었어. 정의의 기사처럼 멋지게 말이야. 하지만 으으윽! 삽사리 유령의 침이 내 등을 흥건하게 적셨어. 다행히 물리지는 않았지.

나는 지한이를 끌고 대문 밖으로 나갔어. 탐정 유령의 말이 맞아. 나는 오늘 맛있는 음식을 못 먹게 될 거야.

"그냥, 집에 가자. 아무래도 우린 못 들어갈 것 같아."

나는 눈물을 머금고 맛있는 음식을 포기했어.

"아니야. 들어갈 방법이 있을 거야. 개가 어디에, 어떻게 하고 있는지 그려 봐."

지한이는 종이와 연필을 건네며 말했어. 나는 삽사리 유령과 목줄과 삽사리 유령이 묶인 나무, 현관, 우리의 위치를 정확하게 그려 주었지. 수학은 못해도 내가 그림은 좀 그리거든.

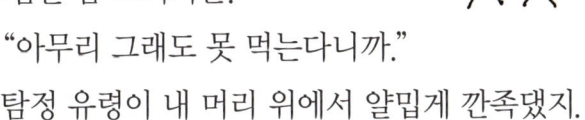

"아무리 그래도 못 먹는다니까."

탐정 유령이 내 머리 위에서 얄밉게 깐족댔지.

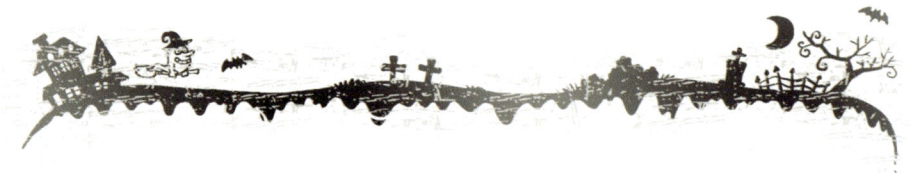

"삽사리 유령이 현관까지 오지 못하게 하려면, 목줄을 짧게 만들어야 해. 흠, 알았어. 방법을 찾아냈어."

지한이는 겨우 3분 생각하고 방법을 찾았대. 역시 내 친구 똑똑하다!

"좀 무섭겠지만 네가 들어가서 삽사리 유령이 묶인 나무를 뱅뱅 세 바퀴 이상 돌아. 삽사리 유령이 너를 따라 돌면 목줄이 짧아질 거야. 그때 들어가면 돼."

"정말 끝내주는 방법이다! 가자!"

나는 대문 안으로 들어가 삽사리 유령의 목줄을 나무에 감게 만들었어. 와우, 성공이야!

나와 지한이는 어깨동무를 하고 씩씩하게 집 안으로 들어갔어. 삽사리 유령은 나무에 묶여 '아우우~!' 구슬프게 울었지.

"주리야, 생일 축하해."

나는 선물을 내밀며 생일상을 훑었어. 그런데 이게 뭐야? 음식을 싹 먹어 치우고 찌꺼기만 남았잖아.

"어머, 왜 이렇게 늦었니? 친구들이 많이 와서 음식이 다 떨어졌는데. 자장면이라도 시켜

줄까?"

주리 엄마가 말했어. 나는 눈물이 핑 돌았어.

"거봐. 생일 음식은 못 먹는다고 했지?"

탐정 유령이 주리 엄마 뒤에서 배꼽을 잡고 웃었어.

나는 울거나 화내지 않기 위해 두 주먹을 꽉 쥐어야 했어.

목줄은 얼마나 짧아질까?

삽사리 유령의 목줄 길이는 150㎝이고 나무 밑동의 둘레는 30㎝니까, 삽사리 유령이 한 바퀴 돌 때마다 목줄의 길이가 30㎝씩 줄어들어. 표로 나타내 볼까?

도는 횟수(번)	1	2	3	4	5
줄어드는 길이(㎝)	30	60	90	120	150
남은 길이(㎝)	120	90	60	30	0

나무에서 현관까지의 길이는 100㎝이고, 목줄의 길이는 150㎝니까, 삽사리 유령이 두 바퀴만 돌아도 목줄의 길이(90㎝)가 나무에서 현관까지의 길이(100㎝)보다 10㎝ 더 짧아져. 그런데 지한이는 천재에게 세 바퀴 이상 돌라고 했어.

왜 일까? 그건 목줄이 개의 머리끝이 아니라 목에 매여 있기 때문이야. 두 바퀴만 돌면 자칫 삽사리 유령에게 물릴 수 있겠지?

7
우리에 갇힌
강아지를 구하라

주리 생일 파티에서 겨우 자장면을 먹다니! 너무 실망했지만 어쩔 수 없었어.
"음식 때문에 풀 죽은 모습을 보이는 건 유치원생이나 하는 짓이야. 우리 억지로라도 쿨하자."
지한이의 말에 고개를 끄덕였지만 나는 열 받아 머리가 터질 것 같았어. 맛있는 음식을 먹으려고 목숨을 걸고 삽사리 유령을 나무에 묶었는데 이게 뭐야. 실망을 숨길 수 없어서 나는 파티 도중에 일어섰어.

"미안, 엄마가 일찍 오라고 해서."

지한이도 나를 따라 나섰어. 겉으로는 태연한 척했지만 지한이도 몹시 실망했거든.

우리가 나오자 나무에 바짝 묶인 삽사리 유령이 애처롭게 쳐다보았어. 사나운 눈빛은 온데간데없고, '날 좀 풀어 줘. 날 좀 도와줘.' 하는 눈빛. 순간 마음이 약해질 뻔했지만 내가 누구야? 절대로 속지 않겠어.

나는 마음을 굳게 먹고 삽사리 유령 쪽으로 주먹을 들어 보였어.

"삽사리 유령이랑 한판 해 보겠다고? 그것도 재밌겠네."

탐정 유령은 삽사리 유령에게 찌리릿 분노 전기를 쏘았어. 순간 삽사리 유령의 목줄이 풀리면서 삽사리 유령이 미친 듯이 나를 향해 달려왔어.

"안 돼! 오지 마!"

나는 걸음아 날 살려라 뛰기 시작했어. 하지만 사람이 어떻게 개를 이겨? 그것도 개 유령을 어떻게 이기냐고. 삽사리 유령은 금세 나를 따라잡았어.

"도와줘!"

삽사리 유령이 말을 했어. 아깐 무섭게 짖기만 하더니 갑자기 웬 사람 말?

"개가 사람 말을 하려면 에너지가 많이 필요해. 그래서 삽사리 유령은 꼭 필요한 말 아니면 안 하는 거야."

탐정 유령이 내 생각을 짐작하고 대답해 줬어. 나는 숨을 몰아쉬며 탐정 유령을 노려보았어.

"삽사리 유령을 보낸 것도 탐정 유령님이죠?"

탐정 유령이 대답 대신 으흐흐 웃었어. 나보다 달리기가 느린 지한이가 그제야 달려와 내 어깨에 손을 짚었어.

"헉헉! 천재야. 삽사리 유령이 또 쫓아오고 있어?"

"그래. 우리 앞에 서 있어. 자기를 도와 달래."

"사람 유령도 모자라 이젠 개 유령 심부름도 들어줘야 하는 거야? 안 됐다."

말은 안 됐다고 하면서 지한이는 키득키득 웃었어. 나도 정말 창피했어. 살아 있는 개도 아니고 죽은 개의 소원까지 들어줘야 하다니. 나는 삽사리 유령에게 말했어.

"네 부탁이 뭔지 몰라도 난 개는 취급 안 해. 밤마다 쫓아와 악몽을 꾸게 해 주겠다는 둥 그런 말도 하지 마. 개 유령이 나오는 꿈은 그냥 개꿈이지 악몽은 아니니까!"

삽사리 유령이 아오! 길게 울었어. 아까도 비슷하게 울었는데 굉장히 구슬펐지.

"내 말을 들으면 날 도와주게 될 거야."

"그럼 안 들을래. 뭔지 몰라도 유령 일은 저기 있는 탐정 유령한테 부탁해. 엄청 똑똑하다니까."

나는 손가락으로 탐정 유령을 가리키며 돌아섰어. 삽사리 유령은 벌떡 일어나더니 제 앞발을 넓게 펴서 나를 감쌌어. 구름처럼 따뜻한 기운이 느껴지면서 정신이 몽롱해지더니 내 몸이 붕 떴어.

"천재야, 괜찮아? 안천재……."

지한이의 외침도 아득하게 들렸지.

쿵! 엉덩방아를 찧는 순간 정신이 번쩍 들었어. 나는 개 짖는 소리가 요란한 더러운 우리 앞에 떨어졌지. 컹컹컹, 낑낑낑, 멍멍멍, 아우우. 귀가 다 먹먹했어.

"여기가 어디야? 날 어디로 데려온 거야?"

나는 엉덩이를 탈탈 털며 일어섰어.

"내 새끼 삽돌이가 있는 곳. 저기 예쁜 강아지. 때가 묻고 엉켰지만 고급스러운 청회색 털과 별을 닮은 까만 눈을

가진 강아지 안 보여?"

눈을 씻고 찾아봐도 고급스럽고 별처럼 빛나는 강아지는 없었어. 맨 안쪽에 발발 떨고 있는 걸레 뭉치 같은 녀석이 있긴 했지만.

"쟤?"

손가락으로 걸레 뭉치를 가리켰더니 삽사리 유령이 고개를 끄덕였어.

"근데 네 새끼가 왜 여기 있어?"

"삽돌이는 대문이 열린 틈을 타 밖에 나갔다가 개장수에게 잡혔어. 여긴 개장수의 농장이야."

"그래?"

나는 주위를 둘러봤어. 음침한 게 **뭔가 수상한 냄새가 나는 끔찍한 곳 같아.**

"네가 삽돌이를 구해 줘."

"내가 무슨 수로? 이 개 우리를

열었다가는 으르렁거리는 큰 개들이 몽땅 튀어나올 텐데? 게다가 개장수에게 걸렸다가는 내 목숨이 위험할지도 몰라. 삽돌이 살리자고 내가 위험에 빠질 순 없어. 나도 울 엄마한테 소중한 아들이거든!"

난 재빨리 돌아섰어. 그런데 이미 늦었지 뭐야. 전봇대만큼 키가 큰 아저씨가 험상궂은 눈으로 나를 내려다보았지. 나는 머리를 긁적이며 말했어.

"저기, 지나가는 길에……. 길을 잘못 들어서……."

"꺼져."

아저씨의 목소리는 깊고 어두컴컴한 동굴에서 나오는 것 같았어. 웬만한 유령보다 더 무서웠어.

"안 돼. 가지 마. 삽돌이를 구할 사람은 너뿐이야."

삽사리 유령이 소리쳤어. 나는 뒤를 돌아보았어. 걸레같이 더러워진 삽돌이가 나를 쳐다보고 있었어. 까만 눈에 눈물이 핑 돌며 반짝이는데, 정말로 별을 좀 닮은 것 같기도 했지. 어휴, 난 정말 왜 이렇게 마음이 약한 거야.

나는 개장수 아저씨에게 말했어.

"저기, 그러니까, 아저씨. 개가 무척 많은데 한 마리 주시면…… 안 되겠죠? 하하하, 저도 알아요. 공짜는 무리죠, 뭐."

"알면 됐다."

나는 가방을 뒤적였어. 벌써 며칠 전에 떨어진 용돈이 나올 리는 없고 뭐 다른 물건이라도…… 있을 턱이 있나.

"물물교환은 어때요?"

나는 필통을 꺼내 보였어. 아저씨는 아무 말도 없었어. 침묵은 거절이지, 뭐. 나는 삽사리 유령을 쳐다보며 중얼거렸어.

"역시 안 되겠어. 미안."

삽사리 유령은 바닥에 털썩 주저앉았어. 전에 할머니 유령이 그랬던 것처럼 어흐흐 울면 어쩌지? 하지만 삽사리 유령은 울지 않았어. 낮은 목소리로 조용히 말했지.

"나중에 삽돌이와 함께 널 찾아올게. 너는 어미와 새끼, 두 마리의 개 유령과 함께 평생을 살게 될 거야."

무슨 뜻인지 머리로 이해하기도 전에 몸이 떨렸어. 그러니까 삽돌이를 여기 그냥 두면 죽을 수도, 그러니까 위험해진단 말이잖아. 내가 못 구해 주면 내 책임이란 말이라고. 아우, 뭐 좋은 방법 없을까? 나는 하늘을 쳐다보았어. 파란 하늘에 하얀 뭉게구름 한 덩이. 하늘은 참 평화롭기 그지없는데 **내 인생은 먹구름이 겹겹이 끼었구나.**

"그러게, 내 보물 상자를 잃어버리지 않았으면 이런 일이

없었을 거 아니냐?"

"도와주지 않을 거면 관둬요. 탐정 유령님은 겨우 애인 편지를 잃어버린 거지만 삽사리 유령은 새끼의 목숨이 달린 일이라고요. 누가 더 중요해요?"

앗! 내가 이렇게 옳은 말을 하다니! 아픈 만큼 성숙해진다더니 그 말이 사실인가 봐.

"뭐, 아니꼽지만 그건 네 말이 맞구나. 그럼 내가 좀 도와줄까? 저 사람은 내기를 좋아해. 내기를 해서 네가 이기면 되지."

삽사리 유령의 눈이 빛났어. 물론 나도 좋아. 하지만 내가 어른인 아저씨랑 무슨 내기를 해서 이기냐고. 팔씨름? 닭싸움? 가위바위보? 일단 말이나 꺼내 볼까?

"이 봐, 왜 안 가고 혼자 구시렁거려?"

개장수 아저씨가 눈에 힘을 주며 나를 쳐다봤어.

"아저씨, 저랑 내기 하실래요?"

"내기? 심심한데 마침 잘 됐구나."

"제가 이기면 저 털 뭉치 강아지를 주세요. 아저씨가

이기면 아저씨 부탁은 다 들어드릴게요."

"좋다. 종목은 동전 던지기다."

나는 내기의 종류를 고민할 필요도 없었어. 내기를 좋아하는 아저씨답게 500원 짜리 동전을 가지고 다니지 뭐야. 언제 어디서나 내기를 할 준비가 돼 있는 거지.

"내가 이 동전을 스무 번 던져서 스무 번 다 학 그림이 있는 앞면이 나오면 내가 이기고, 한 번이라도 뒷면이 나오면 네가 이기는 거다."

"좋아요."

이렇게 쉬운 내기가 어딨어? 동전을 스무 번이나 던지면 적어도 한 번은 뒷면이 나오겠지!

"자, 시작해 볼까?"

아저씨는 동전을 던졌어. 첫 번째는 앞면, 그럴 수 있지. 두 번째 던졌어. 쨍그랑 소리와 함께 앞면. 뭐, 두 번 연속 앞면이 나올 수도 있지. 그런데 세 번째도 앞면, 네 번째도 앞면…… 열아홉

번째도 계속 앞면이었어. 동전은 계속 앞면만 나오는 거야. 뭔가 이상했지.

"잠깐만요!"

아저씨가 동전을 손에 쥔 채 멈췄어.

"아저씨, 동전을 열아홉 번 던져서 모두 다 앞면이 나왔다면, 스무 번째는 앞면이 나올까요, 아님 뒷면이 나올까요?"

아저씨는 능글맞게 웃었어. **아주 으스스하고 기분 나쁘게.**

"그건 아무도 모르는 일 아니냐? 던져 봐야 알지."

"맞아요. 하지만 저는 다음 번에도 앞면이 나올 것 같아요. 내기 할래요? 제가 이기면 저 강아지를 주세요. 자, 그럼 던지세요."

아저씨는 잠시 망설이더니 동전을 던졌어. 또 앞면. 내 말이 맞았어.

"어떻게 알았냐?"

아저씨가 동전을 뒤로 감추며 물었어.

"동전을 수십 번 던져서 계속 앞면만 나올 확률은 매우 낮아요. 따라서 계속 앞면만 나온다면, 그건 동전의 양쪽 면이 모두 앞면일 수도 있다는 의심을 해 볼 수 있어요.

둘 다 앞면인 동전."

나는 진짜 탐정처럼 멋지게 말을 마쳤지.

동전을 한 번 던졌을 때, 앞면이 나올 확률은?

확률이란? 모든 사건이 일어나는 경우의 수에 대한 어떤 사건이 일어날 경우의 수의 비율을 말해.

$$(확률) = \frac{(어떤\ 사건이\ 일어날\ 경우의\ 수)}{(모든\ 경우의\ 수)}$$

예를 들어 동전을 한 번 던졌을 때, 나올 수 있는 면은 앞면 또는 뒷면이야. 따라서 모든 경우의 수는 2이고, 동전의 앞면이 나오는 경우의 수는 1이야. 따라서 동전을 한 번 던졌을 때, 동전의 앞면이 나올 확률은?

$$\frac{(어떤\ 사건이\ 일어날\ 경우의\ 수)}{(모든\ 경우의\ 수)} = \frac{1}{2} \rightarrow 50\%$$

그래 50%야. 그런데 동전을 수십 번 던져도 계속 앞면만 나온다면, 다시 말해 앞면만 나올 확률이 100%에 가깝다면? 혹시 동전에 앞면만 있는 게 아닌지 의심해 봐야 해! 개장수 아저씨의 동전처럼 말이지.

거듭제곱의 비밀

 지금으로부터 400년 전 인도에 사는 세타는 서양 장기인 체스를 발명했다. 인도의 왕도 이 재미있는 게임에 푹 빠지고 말았다. 왕은 체스를 발명한 세타에게 원하는 것은 무엇이든지 선물해 주겠다고 했다. 세타는 아름다운 공주도 아니고, 커다란 금덩이도 아닌 다른 것을 요구했다.
 "체스판의 처음 칸에 밀 한 톨을, 둘째 칸에는 밀 두 톨을, 셋째 칸에는 2톨의 2배인 4톨을……. 이렇게 해서 64번째 칸까지 밀알을 채워 주십시오."
 이 말을 들은 왕은 물론 승낙했다. 하지만 결국 왕의 재산을 다 털어도 세타가 원하는 밀알을 다 줄 수가 없었다. 도대체 밀알이 몇 개나 되길래 왕이 줄 수 없었던 것일까?

$$1+2+(2\times2)+(2\times2\times2)+(2\times2\times2\times2)+(2\times2\times2\times2\times2)\cdots$$

 64번째까지 계산하면 18,446,744,073,709,551,615개가 된다. 왕의 커다란 창고 100개를 다 털어도 채울 수 없는 양이었다. 시작은 겨우 한 톨이었지만 거듭제곱의 비밀 때문에 왕도 감당할 수 없을 만큼 밀알이 불어난 것이다.

무서운 개장수와의 한판 대결

"오! 천재 너 좀 똑똑해졌는걸!"
 탐정 유령도 감탄을 했지. 나는 어깨가 으쓱해졌어. 이로써 나, 안천재는 진짜 천재가 되고, 불쌍한 강아지를 구해 개 유령계의 스타로 등극할 일만 남았지. 그런데 개장수 아저씨가 이렇게 말하는 거야.
 "좋아. 네가 이겼어. 하지만 내기는 삼세판이 기본이야. 다음 내기는 뭘로 할까? 네가 정해."

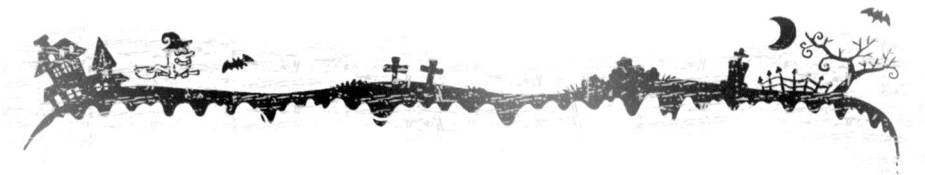

 내기를 또 하자고? 뭘로 해야 내가 이길까? 막상 생각이 나지 않았어. 아아! 정말 싫지만 필요할 때마다 부탁할 사람은, 아니 부탁할 유령은 탐정 유령뿐이구나. 나는 또 탐정 유령을 쳐다보았어. 탐정 유령은 어깨를 으쓱했지. 왕 잘난 척을 시작하기 전 언제나 어깨부터 으쓱하더라.
 "좋아. 난 진짜 천재니까 가짜 천재를 좀 도와주지. 네 필통에서 세 가지 색깔의 구슬을 꺼내."
 "내 필통에 구슬이 있는 건 어떻게 알았죠?"
 "난 탐정 유령이잖아. 모르는 게 없지."
 "그럼 보물 상자가 어딨는지도 알겠네요?"
 "왜 자꾸 아픈 데를 찔러? 네 인생은 훤히 보이는데 내 인생은 안 보인단 말이다. 그게 나의 불행이야!"
 탐정 유령은 팔팔 뛰었어. 나는 입술을 비죽거리며 필통에서 빨강, 초록, 검정 구슬 세 개를 꺼내고, 탐정 유령이 말해 준 대로 문제를 냈지.
 "세 개의 구슬을 연결해 팔찌를 만들면, 몇 가지 종류의 팔찌를 만들 수 있을까요?"
 흐흐흐. 개장수 아저씨가 한쪽 입꼬리를 올리며 음흉하게 웃었어. 입술 사이로 차가운 은니가 챙 하고 번뜩이는 걸 보자 등골이 오싹해졌지.

"꼬마야. 내가 개나 키우니까 멍청한 것 같지? 하지만 내가 왜 내기를 좋아하는 줄 아냐? 어렸을 적부터 수학을 잘해서 웬만한 내기는 다 이겼기 때문이지. 흐흐흐."

개장수 아저씨는 땅에 표를 그리기 시작했어. 예감이 좋지 않았어. 문제를 듣고 표를 그리는 건 선생님이나 탐정 유령 정도의 내공이 있다는 뜻? 아우우. 갑자기 삽사리 유령이 울었어. 삽사리 유령의 예감도 좋지 않은가 봐.

"역시 사람을 겉만 보고 판단하면 안 되겠군. 좀 더 어려운 문제를 낼걸."

탐정 유령도 손을 비비적거리며 후회했어.

"모두 여섯 종류의 팔찌를 만들 수 있군. 으하하핫. 맞았지?"

개장수 아저씨는 아주 당당하게 말했어. '졌구나!' 하는 생각에 나는 울상이 되어 탐정 유령을 쳐다보았어. 그런데 탐정 유령은 입이 귀에 걸려 웃고 있었어.

"틀렸다. 정답은 한 종류야. 세 개의 구슬을 일렬로 놓는 방법은 여섯 가지이지만, 팔찌는 원 모양이기 때문에 한 종류만 만들 수 있지."

무슨 뜻인지 잘 모르겠지만 나는 일단 소리쳤어.

"땡! 한 종류입니다."

"어떻게 한 종류야?"

개장수 아저씨는 험상궂은 표정을 지었어. 나는 또 탐정 유령을 쳐다보았어. 그런데 탐정 유령은 이미 사라진 뒤였어. 이런, 나더러 뭘 어쩌라고! 개장수 아저씨에게 설명을 해 줘야 할 거 아니야. 하는 수 없이 나는 팔찌를 직접 만들어 보았어. 내가 수학은 잘 못해도 만들기는 좀 하거든.

"아, 팔찌니까 원으로 만들어 이렇게 돌리면 빨·초·검, 초·검·빨, 검·빨·초가 한 종류가 되네요.

빨·검·초, 검·초·빨, 초·빨·검도 한 종류가 되고요."

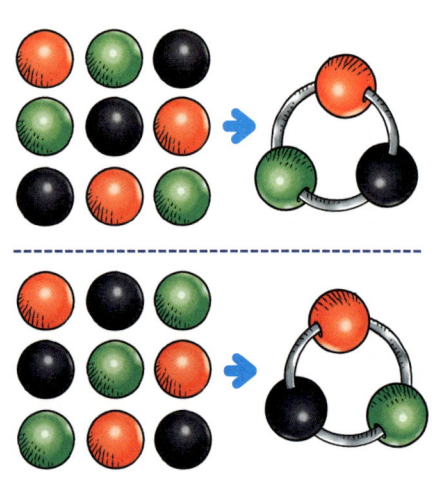

나는 직접 만든 팔찌를 돌려가며 개장수 아저씨에게 설명을 했어. 이상하게도 나, 점점 똑똑해지나 봐.

"그렇군. 그럼 정답은 두 종류 아니냐?"

"저도 그럴 것 같은데, 탐정 유령이……."

나는 우물쭈물하며 팔찌를 빙빙 돌렸어. 개장수

아저씨는 이글이글 불타는 눈으로 내 팔찌를 째려보더니 뺏어서 다시 만들어 보고, 돌려보고, 뒤집어 보았어.

"아! 그렇군. 팔찌는 뒤집을 수 있지. 이 팔찌를 뒤집으면 빨·초·검이 빨·검·초가 되는군. 그래서 한 종류뿐이야. 아! 정말 놀라워! 오우!"

개장수 아저씨는 큰 깨달음을 얻은 사람처럼 감탄사를 연거푸 터뜨렸어.

"졌다. 사나이답게 깨끗이 인정하마."

아저씨는 뚜벅뚜벅 개 우리로 걸어갔어. 삽사리 유령이 기쁜 표정으로 아저씨 뒤를 따라갔지. 물론 아저씨는 삽사리 유령이 따라오는 걸 전혀 몰랐지만.

아저씨는 개 우리 문을 철컥 열고 사납게 생긴 덩치 큰 개들 사이로 손을 쑥 집어넣더니, 가장 크고, 가장 사납게 생긴 검은

개 한 마리를 쑥 꺼냈어. 아저씨는 크고 검은 개에게 목줄을 채워 내게 건넸지.

"흠, 네가 똑똑해서 주는 선물이다. 선물은 클수록 좋은 거 아니냐? 저 작은 녀석보다 큰 개가 훨씬 낫지."

"아니에요. 전 큰 개 필요 없어요. 저 강아지면 돼요. 저 강아지로 바꿔 주세요."

나는 두 손을 내저었어. 난 삽사리 새끼를 구하러 왔잖아. 큰 개 따윈 필요 없어. 게다가 이렇게 큰 개를 어디로, 어떻게 끌고 가. 무섭단 말이야.

일이 이상하게 되자 삽사리 유령도 흥분해 짖어 댔어. 검은 개는 우리 바깥으로 나와서 너무 좋은지 발버둥을 치며 짖었고. 나는 정신이 쏙 빠져나가는 것 같았어.

"너, 내 성의를 무시하는 게냐? 이 녀석을 데려가든지 빈손으로 가든지 둘 중 하나 골라라."

개장수 아저씨가 부리부리한 눈으로 나를 노려보았어. 나는 그만 움츠러들고 말았지.

"천재야, 일단 그 개라도 어서 데려가자."

탐정 유령이 재촉했어. 나는 부들부들 떨면서 날뛰는 검은 개의 목줄을 잡았어. 내가 개 목줄을 잡자마자 검은 개는 미친 듯이 달렸어. 나는 개를 놓치지 않으려고

전속력을 다해 뛰어야 했지.

"우리 삽돌이는? 삽돌이를 버리고 가면 어떡해?"

삽사리 유령도 나를 쫓아 날았어. 앞에는 살아서 날뛰는 사나운 검은 개, 뒤에는 덩치 큰 유령 개. 난 도대체 어떻게 살아야 하는 거야?

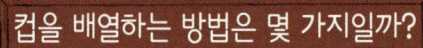

빨간 컵 1개와 같은 종류의 파란 컵 2개를 나란히 배열하는 방법은 모두 몇 가지일까? 먼저, 파란 컵 2개를 다른 종류라고 생각하고 컵을 배열해 보자.

빨간 컵 1개와 다른 종류의 파란 컵 2개를 배열하는 방법은 그림과 같이 6가지야. 그러나 파란 컵은 같은 종류이므로, 2가지 경우씩 같은 방법으로 배열한 거지. 따라서 컵을 배열하는 방법은 총 3가지야.

9
가장 넓은 울타리를 만들어라

나는 날개가 달린 듯 내달리는 검은 개를 쫓아 달렸어. 정확히 말하면 힘이 세고 빠른 검은 개에게 매달려 달렸어.
"거기 서! 서란 말이야. 멈추라고!"
소리 쳐도 검은 개는 들은 척도 안 했어. 차가 쌩쌩 달리는 도로가 나타나자 나는 무슨 수라도 써야 했어. 나는 목줄을 힘껏 잡아당기며 외쳤지.
"기다려!"
순간 검은 개가 우뚝 섰어. 마치 내 말을 알아들은 것처럼 말이야. 혹시 이 개, 훈련이 돼 있는 거 아냐? 나는

개에게 하는 명령어를 더 시험해 보았어.

"앉아."

검은 개는 긴 다리를 척척 접고 앉았어.

"엎드려."

검은 개는 긴 다리를 앞으로 쭉 뻗고 앉아 나를 쳐다보았어. 이 녀석, 제법 훈련을 받은 개인가 봐. 나는, 전에 우리 강아지한테 그렇게 애원했지만 단 한 번도 이뤄보지 못한 명령어를 시험해 보았어.

"손!"

검은 개는 무척 반가운 눈빛으로 손을 척 내밀었어. 오호! 이 개, 생각보다 마음에 드는걸!

"그래서 삽돌이는 구하지 않을 셈이냐?"

삽사리 유령이 귓가에서 크르릉거렸어. 검은 개도 삽사리 유령 쪽을 향해 크르릉거렸어. 개는 유령을 볼 수 있다더니

그 말이 맞나 봐! 그나저나 이 검은 개, 내 편을 들어주는 거야? 왠지 기분이 좋은걸! 이제 '검둥이'라고 불러야지.

"좋아할 때는 아닌 것 같다. 이 큰 개를 어쩔 거냐?"

탐정 유령의 말에 정신이 번쩍 났어. 이렇게 큰 개를 우리 집으로 데려갈 수는 없어. 우리 아파트에서는 큰 개를 키울 수 없거든.

"어쩌지? 너를?"

검둥이는 여전히 엎드린 채로 나를 쳐다보았어. 내가 주인인 줄 아나 봐. 나는 하는 수 없이 검둥이를 데리고 학교 쪽으로 걸었어. 그러다 학교 앞에서 지한이를 만났지.

"천재야, 갑자기 어디로 사라졌던 거야? 으헉! 이 개는 뭐야?"

지한이는 펄쩍 뛰며 저만치 물러섰어. 나는 지한이에게 삽사리 유령 이야기를 했어.

"여기에 무서운 저 개랑 개 유령까지 있단 말이야?"

지한이는 부들부들 떨었어. 그래서 난 탐정 유령이 지한이 머리카락을 만지고 있다는 얘기는 특별히 안 해 줬지.

"검둥이를 어떻게 하지? 삽돌이는 어째? 지한아, 어쩌냐?"

지한이랑 나는 골똘히 생각했지만 딱히 좋은 답은 나오지 않았어. 우리는 한동안 하늘만 쳐다보다가 얼굴을 마주보며 동시에 말했지.

"주리?"

생일 파티가 벌써 끝났는지 주리네는 조용했어. 초인종을 누르자 주리가 팔짝팔짝 뛰어나왔지.

"어? 아깐 왜 일찍 갔어? 너희 간 다음에 엄마가 떡볶이 만들어 줬는데……."

난 탐정 유령을 찌릿 노려보았어.

"봤지? 넌 오늘 생일 음식 못 먹는다고 했잖아."

탐정 유령은 천연덕스럽게 말하며 휘파람을 불었어. 나를 약 올리려고 작정한 게 분명해. 나는 검둥이의 목줄을 주리에게 내밀었어.

"네 생일 선물이야."

"뭐야, 이렇게 크고 못생긴 개를. 난 우리 삽돌이 찾아서 다시 키울 거야. 다른 개는 생각 없어."

"생일 선물을 거부하는 게 어딨어. 생일 축하해. 잘 부탁한다!"

나는 검둥이를 주리네 마당에 밀어 넣고 달아났어.

"야, 안천재. 거기 안 서? 거기 서!"

주리가 소리를 치며 쫓아왔어. 그 틈에 지한이는 주리네 대문을 쾅 닫았어. 검둥이가 밖으로 나오지 못하게 말이야. 나는 한참을 뛰어 학교 운동장으로 들어왔어. 운동장 한가운데에서 숨을 몰아쉬며 주리를 기다렸지. 주리가 달려와 내 등을 탁 쳤어.

"주리야, 미안. 이제 세 번째 생일 선물을 줄게. 나 삽돌이가 어딨는지 알아."

"뭐? 정말? 어디야? 우리 삽돌이를 봤으면 당장 데려와야지! 어디야, 거기가 어디야?"

주리는 팔팔 뛰었어.

"나도 데려오고 싶었어. 그치만 삽돌이를 지키고 있는 개장수 아저씨가 너무 무섭단 말이야."

"뭐? 개장수 아저씨? 엄마가 좋은 집에서 살고 있을 거라고 했는데, 개장수한테 구박받으며 밥도 굶고 있는 거야? 어떡해! 나는……."

주리가 왈칵 울음을

터트렸어. 왈가닥 주리의 눈물에 지한이와 나는 어쩔 줄 몰랐어.

"나는 삽사리가 죽을 때 약속했어. 삽돌이를 잘 돌보며 키우겠다고. 그런데 잃어버리고 얼마나 마음이 아팠는 줄 아니? 밤마다 꿈에 삽사리가 나와서 운다고!"

나는 삽사리 유령을 째려보았어.

"치사하게 여자애 꿈에 밤마다 나타나 괴롭히냐?"

"뭐라고?"

주리가 울다 말고 나를 쳐다보았어. 나는 얼른 손을 내저었지.

"아냐, 아무것도."

"가자, 거기가 어디야? 당장 찾아올래."

"개장수 아저씨가 엄청 무섭다니까. 내가 그 아저씨랑 내기까지 해 가며 애썼는데, 결국 못 데려왔어."

"괜찮아. 아무리 무서워도 내가 무찌르고 찾을 수 있어."

주리는 자기가 **무적의 여전사**라도 되는 줄 알아. 여자라고 몇 번 봐줬더니 자기가 진짜 힘이 센 줄 아는 걸까?

"거기 아저씨가 그렇게 무서우면 부모님께 말해 볼까?"

역시 지한이는 모범생다운 해결책을 냈어. 하지만 이미

이글이글 불타오르기 시작한 주리는 두 주먹을 불끈 쥐고 나섰어.

"됐어. 내가 해결할 수 있어. 어디야?"

하는 수 없이 내가 앞장을 섰어. 개장수 아저씨를 또 만날 생각을 하니 다리가 후들거렸지만 주리의 주먹이 더 무서웠으니까. 개 농장에 거의 다 왔을 즈음 주리가 물었어.

"근데 천재 너, 우리 삽돌이가 개장수네에 있는 걸 어떻게 알았어?"

"어?"

느닷없는 질문에 나는 대답할 말을 찾지 못했어. 지한이도 얼굴만 빨개져서 나를 쳐다보았어. 주리에게 삽사리 유령 이야기를 할 수는 없잖아. 나는 우물쭈물하다가 아무렇게나 말해 버렸어.

"그냥, 우연히, 지나가는 길에, 삽돌이가……. 아, 다 왔다. 저기야."

개 농장의 커다란 철대문은 반쯤 열려 있었어. 우리가 오는 소리를 들었는지 개들이 컹컹컹 무섭게 짖는 소리가 들렸어. 개장수 아저씨가 막대기로 개 우리를

두드리며 시끄럽다고 야단치는 소리도 들렸지.

지한이는 개 짖는 소리에 겁을 집어먹고 주춤거렸어. 하지만 주리는 오히려 차분해진 얼굴로 뚜벅뚜벅 걸어갔지.

"뭐야?"

개장수 아저씨가 물었어. 주리는 대답도 하지 않고 개 우리로 다가갔어. 힘없이 엎드려 있던 삽돌이가 벌떡 일어나 주리에게 달려왔어. 주리가 창살 사이로 손을 넣어 삽돌이를 쓰다듬자 삽돌이는 앞발로 주리의 손을 잡으며 정신없이 핥았어. 공포의 여왕 주리가 저렇게 온순할 때가 있다니, 내 두 눈이 다 의심스러웠지. 주리는 삽돌이의 앞발을 꼭 잡고 아저씨에게 말했어.

"이건 제 개예요. 데려갈래요."

개장수 아저씨가 날카로운 눈빛으로 우리 세 사람을 훑어보았어. 그냥 보기만 한 건데도 어깨가 움츠러들었어.

"증거 있냐?"

"삽돌이가 나를 알아보잖아요."

"그건 증거가 못 돼. 당장 나가."

주리는 물러서지 않았어. 정말로 아저씨를 무찌르고 삽돌이를 구할 모양이야.

"못 나가요. 전, 삽돌이를 데리고 갈 거예요."

아저씨가 내게 고갯짓을 했어.

"너, 나랑 내기해서 이기면 개 한 마리 준다고 소문냈냐?"

"아니에요. 아니라고요!"

하지만 아저씨는 믿는 것 같지 않았어. 주리와 개장수 아저씨는 눈싸움을 시작했어. 눈싸움에 이긴 사람이 삽돌이를 갖기로 하자고 말해 볼까?

나는 공포의 여왕이랑 무서운 아저씨가 있는

 이곳에서 빨리 벗어나고 싶었어. 그래서 무서워 떨고 있는 지한이에게 속삭였지.
 "우린 그만 가자. 주리한테 삽돌이 있는 곳을 가르쳐 줬으니까 나머지는 개 주인인 주리가 알아서 하겠지. 가자, 응?"
 "주리만 두고 갈 순 없어. 우린 같이 들어왔으니까 같이 나가야 해."
 겁에 질린 지한이가 이렇게 의리 있을 줄이야!
 지한이가 떨리는 목소리로 말을 꺼냈어.
 "어떻게 하면 저 개를 주실래요?"
 아저씨가 지한이 쪽으로 눈을 돌렸어. 지한이는 겁이 나는지 어깨를 더 움츠렸지만 물러서지 않고 또박또박 말했지.
 "저 강아지를 데려갈 거예요. 무슨 일이 있어도."
 허허허. 개장수 아저씨가 큰 소리로 웃었어. 미친 사람처럼 허허허허. 차라리 야단치고 화내는 게 낫지, **저 웃음은 소름끼친다고!**
 "좋아. 내 문제를 해결해 주면 저 강아지를 주마."
 아저씨는 내동댕이친 울타리용 철사를 가리키며 말했어.
 "나는 개 울타리를 새로 만드는 중이었다. 울타리 파는

사람이 여기 있는 울타리 철사로 울타리를 만들면, 여기 있는 개를 다 넣을 수 있다고 했어. 하지만 만들어 보니 너무 비좁아서 안 되겠더라. 울타리 파는 곳에 전화해서 따졌더니 같은 둘레로 만들 수 있는 가장 큰 도형 모양으로 만들면 된다더군. 도대체 뭘 어떻게 만들라는 거냐?"

어른인 아저씨도 모르는 울타리 만드는 방법을 우리 어린이가 어떻게 알아? 또 탐정 유령한테 도와달라고 해야 하나? 나는 탐정 유령을 쳐다보았어. 탐정 유령은 팔짱을 끼고, 개 짖는 소리가 시끄럽다며 투덜거리며 둥둥 떠 있었지. 우리를 도울 생각은 전혀 없어 보였어. 우씨~

왕 치사한 유령 같으니라고.

"좋아요! 어렵지 않아요."

지한이가 옆에 있던 드럼통 위로 올라가 아저씨가 만든 울타리를 내려다보았어.

"아저씨는 별 모양으로 울타리를 만들었군요."

"개들에게도 사생활이 있으니까 혼자 있고 싶을 때 뾰족한 칸에 들어가서 쉬라고 그랬지."

"둘레가 같은 경우 뾰족한 별보다 사각형이 더 넓어요. 사각형보다 원이 더 넓고요. 같은 둘레라면 원의 넓이가 가장 넓으니까 원 모양으로 울타리를 만들어 보세요."

우와! 둘레가 같으면 넓이도 당연히 같은 줄 알았는데! 지한이 말이 정말 맞을까? 개장수 아저씨도 믿어지지 않나 봐.

"난 말은 안 믿어. 너희가 직접 울타리를 만들어 보여 주면 믿겠어."

개장수 아저씨가 울타리 만들 도구들을 내게 넘겨주었어.

그러면 그렇지. 이렇게 쉽게 해결될 리가 없지. 지한이와 나는 땀을 뻘뻘 흘리며 뾰족하게 구겨진 철사를 펴기 시작했어. 그동안 주리는 삽돌이만 애지중지 쓰다듬고 있었지. 몇 시간 동안 개 울타리를 만드는 중노동이 이어졌어. 땀이 비 오듯이 쏟아졌지. 그렇게 동그란 울타리를 완성하고 나자 개장수 아저씨가 천천히 일어섰어.

"한번 확인해 볼까?"

아저씨는 삽돌이가 있는 우리로 저벅저벅 걸어가더니 우리 문을 벌컥 열었어. 개들이 미친 듯이 뛰어 나왔어. 나와 지한이는 너무 무서워서 꼼짝도 하지 못했어.

"삐삐, 직진! 들어가!"

아저씨는 호루라기를 불면서 개들에게 명령을 내렸어. 개들은 꼬리를 팔랑팔랑 흔들며 우리가 만든 울타리 안으로 달려 들어갔어. 주리에게 달려간 삽돌이만 빼고.

울타리는 개들이 모두 들어가도 충분할 만큼 넓었어. 아저씨는 흐뭇한 듯 고개를 끄덕였어.

"흠! 네 녀석 말이 맞았구나."

아저씨는 삽돌이를 손가락으로 가리켰어. 주리는 삽돌이를 꼭 안았지.

"그 녀석은 데려 가. 다시는 잃어버리지 마."

아저씨는 저벅저벅 걸어서 개 농장 한쪽에 있는 컨테이너 집으로 들어갔어. 우리는 삽돌이를 데리고 개 농장을 나섰지. 한참 동안 우리는 아무 말 없이 걷기만 했어. 그러다 주리가 먼저 입을 열었지.

"저 아저씨, 개장수 맞아? 유기견 보호하는 사람 아니야? 개를 괴롭히는 것 같지 않던데."

"글쎄……. 나는 괴롭히던걸?"

나는 고개를 절레절레 흔들었어. 탐정 유령을 만난 뒤, **산 사람도, 유령도, 개도 모두 나만 괴롭혀.**

같은 둘레로 만든 도형 중 넓이가 가장 큰 도형은?

직사각형, 정사각형, 원을 살펴보자.

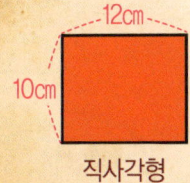 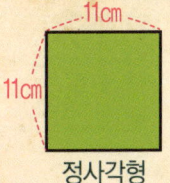 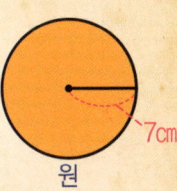

직사각형　　　　정사각형　　　　원

세 도형의 둘레는?

(직사각형의 둘레)={(가로)+(세로)}×2=(12+10)×2=44(㎝)

(정사각형의 둘레)=(한 변의 길이)×4=11×4=44(㎝)

(원주)=(반지름)×2×3.14=7×2×3.14=43.96(㎝)→약 44(㎝)

*원주란? 원의 둘레를 원주라고 한다.

맞아! 세 도형의 둘레는 44㎝로 모두 같아.

그렇다면, 세 도형의 넓이는?

(직사각형의 넓이)=(가로)×(세로)=12×10=120(㎠)

(정사각형의 넓이)=(한 변의 길이)×(한 변의 길이)=11×11=121(㎠)

(원의 넓이)=(반지름)×(반지름)×3.14=7×7×3.14=153.86(㎠)

넓이가 가장 큰 도형은 원〉정사각형〉직사각형 순이야.

따라서 같은 둘레로 만들 수 있는 넓이가 가장 큰 도형은 원이지.

10
학교로 날아온 경고장

> **〈경고〉**
> 오매불망 너를 찾았다.
> 이제 나를 찾아라.
> 그렇지 않으면 네게 큰 재앙이 닥칠 것이다.
> 罒민호

우리 교실 뒷문에 이상한 경고장이 등장했어.
반 아이들은 그 앞에 모여 머리를 맞대고 수군거렸지.
"뭐야?"
"누구보고 누굴 찾으란 거지?"

"왜 찾으래?"

"오매불방은 뭐야? 오매불망도 아니고."

하암, 누가 누굴 찾든지 말든지 난 관심 없었어. 이 몸은 유령 세계의 사건들을 해결하느라 인간 세계의 사건까지 끼어들 힘이 없거든. 그런데 지한이는 엄청 관심을 보였어.

"이건 암호야. 암호 편지."

뭐, 암호 편지? 그 말을 듣는 순간 잠이 확 깨지 뭐야? 나는 교실 뒤로 달려가 경고장을 훑어보았어. 정말로 암호가 숨겨진 편지 같았어. 이거 혹시 탐정 유령이 나에게 보낸 거 아냐? 아무 근거도 없이 그런 생각이 들었어. 나는 탐정 유령을 노려보며 물었어.

"탐정 유령님 짓이에요? 이거 못 풀면 날 괴롭힐 거예요?"

"넌, 날 아주 나쁜 사람으로 만드는구나! 난 어린이를 사랑한다고!"

탐정 유령은 공중에서 펄펄 뛰며 시치미를 뚝 뗐어. 쳇. 말뿐이면서. 어린이를 사랑한다면 처음부터 어린이 앞에 나타나질 말았어야지.

"누가 이런 장난을 치는 거야?"

나는 화를 내는 척하며 경고장을 뜯어 주머니에 넣었어. 어쩐지 다른 아이들 손에 들어가면 안 될 것 같았거든.

그런데 다음 날 또 경고장이 붙었어. 똑같은 내용을, 이번에는 핏빛으로 훨씬 으스스하게 썼어.

"탐정 유령님! 이런 무서운 편지 보내는 거 불법 아녜요?"

"나, 아니라니까. 나라면 '오매불망'을 '오매불방'으로 쓰는 부끄러운 짓은 안 해. 난 자나 깨나 널 찾아다니지도 않았고. 날 데려온 건 너야, 잊었냐?"

진짜 아닌가? 나는 또 경고장을 떼서 주머니에 넣었어. 이 암호는 내가 풀어야 할 것 같았거든.

학교 수업이 끝난 뒤 지한이와 나는 암호 편지를 가운데 놓고 운동장에 앉았어.

"암호를 풀어야 누가 보냈는지 알 수 있겠네. 이 암호는 자기 이름일 거야. 자기를 찾아달라고 이름을 적었겠지."

  그 순간 바람이 휙 불어서 경고장이 날아갔어. 나는 경고장을 따라 막 뛰었지. 경고장은 공중으로 한 바퀴 붕 돌더니 바닥에 떨어졌어. 떨어진 경고장을 주우려는데 뒤집어진 그림이 글씨처럼 보였어.

  "이건 '변' 아니야?"

  경고장이 뒤집어지는 바람에 글자의 모양이 어렴풋이 보였던 거야.

  "위나 아래쪽으로 뒤집어서 왼쪽으로 90도 돌려봐. '변'이지?"

  "정말. 다른 것도 뒤집어 보자."

  우리는 경고장의 암호를 한 글자씩 찢어서 여러 방향으로 뒤집거나, 오른쪽 또는 왼쪽으로 90도씩 돌려 보았어.

  "이건 변민호야."

  일부러 무섭게 썼지만 변, 민, 호가 분명했어.

  "변민호가 누구지?"

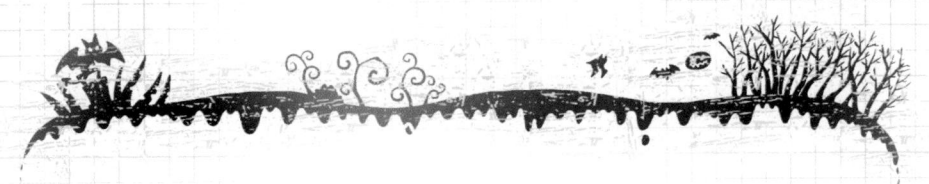

지한이가 고개를 갸웃거리며 물었어. 순간 머릿속에 딱 떠오르는 사람이 있었지만 나는 세차게 고개를 저었어. 다시는 떠올리고 싶지 않은 사람이었거든.

그날 밤, 꿈자리가 엄청 뒤숭숭했어. 길고 어두운 골목에 들어서자, 다시는 생각하고 싶지 않은 변민호 형이 모자를 푹 눌러쓴 채 나를 쳐다보면서 말했어.

"나를 찾아줘이줘이줘이……."

눈을 번쩍 뜨면 사라지고, 다시 눈을 감으면 시작되는 악몽. 나는 그만 벌떡 일어나고 말았어.

"만날 악몽을 꾸게 해 주겠다는 탐정 유령도 조용한데, 그 형이 왜 자꾸 나타나는 거야?"

나는 중얼거리며 불을 탁 켰어. 캄캄한 데 누워 있어도 잠이 올 것 같지 않았거든. 그런데 환한 불빛 속에 야구 모자를 푹 눌러쓴 변민호 형이 서 있는 거야.

"왜, 왜 형이 여기……?"

너무 놀라서 말도 잘 나오지 않았어. 탐정 유령이 휘리릭 내 곁으로 날아와 물었지.

"아는 애냐? 이 녀석이 자꾸 네게 악몽을 꾸게 하더라. 내가 하지 말라고 그렇게 얘기해도 안 들어. 어른 말은 귓등으로도 안 듣는 녀석이야, 이 녀석이."

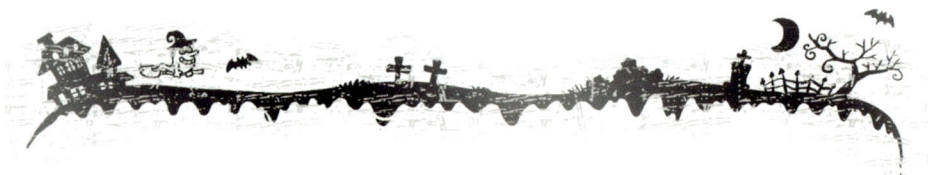

　탐정 유령이 민호 형을 가리키며 혀를 쯧쯧 찼어. 나는 온몸이 꽁꽁 얼어서 가만히 서 있었어. 민호 형은 탐정 유령보다 열 배는 더 무서운 불량 소년이야. 두 번이나 내 돈을 빼앗았거든. 그런데 저 형이 왜 내 방에 나타난 거야? 설마!

　"난 죽어서 유령이 되었어. 그동안 난 오매불망 유령을 알아볼 수 있는 사람을 찾고 있었지. 그게 너일 줄이야."

　민호 형이 착 가라앉은 목소리로 말했어. 이 형, 정말 나빠. 유령이 되어서도 괴롭힐 사람을 찾다니! 아, 난 또 당하고 싶지 않아. 그때도 얼마나 무서웠다고!

　"탐정 유령님. 나 좀 도와줘요. 저 나쁜 형이 나한테 못 오게 막아 주세요. 탐정님은 어른이고, 선생님이고, 유령이잖아요."

　탐정 유령이 내 앞을 막아섰어.

　"이 아이는 내 거야. 나만 괴롭힐 수 있어. 건드리지 마."

　엥? 민호 형을 막아 주는 건 좋은데, 저 황당한 멘트는 뭐람?

　"비켜요. 난 저 애한테 볼일이 있어요."

　"이 녀석이! 어른 말이 말 같지 않은 거야? 떽!"

　"쳇, 어른이면 다예요? 어른이면 어린이보다 먼저

죽기밖에 더 해요?"
 민호 형의 **반항 포스**는 역시 엄청 세. 어떻게 저런 말을 할 수 있지?
 "그래 맞다. 근데 너는 어린 녀석이 어쩌다 벌써 유령이 돼서 떠돌아다니는 거냐? 어린 애가 죽었으면 냉큼 천국에 가서 천사가

되어야지, 왜 여기서 천재를 괴롭히고 있냐? 천재가 요즘 얼마나 힘든 줄 알아? 툭 하면 유령들이 나타나 이런저런 부탁을 하는 통에……."
 아! 탐정 유령이 날 걱정하는구나! 난 감동의 눈물을 흘릴 뻔했어. 하지만 다음 말에 정신이 번쩍 들었지.
 "다른 유령들 때문에 내 일을 못하고 있잖아. 내 일을 해결할 때까지 천재는 아무도 못 건드려. 다른 유령의 접근은 절대로 허락하지 않겠다고. 천재야, 넌 걱정 말고 어서 내 보물 상자나 찾아라."
 하지만 민호 형은 물러서지 않았어. 불꽃이 튈 정도로 눈을 번쩍이며 탐정 유령에게 대들었지.

"탐정 유령인지 뭔지 꺼져요! 나도 저 애한테 볼 일이 있다고요!"

탐정 유령과 민호 형은 내 방 한가운데에 둥둥 떠서 한 치의 양보도 없이 다퉜어. 그런데 나, 왜 자꾸 고개가 떨어지는 거지? 유령들이 싸우고 있는 가운데서 꾸벅꾸벅 졸다니, 점점 유령에 익숙해지는 것 같아. 이거, 좋은 거야?

경고장의 암호를 풀어라!

경고장의 이름 모를 '그림 암호'를 풀어보자. 그림을 여러 방향으로 뒤집거나, 왼쪽 또는 오른쪽으로 90도씩 돌려 봐. 어때 그림이 아니라 글자가 나타나지? 우리 한 자씩 살펴보자.

- 위로 뒤집기
- 왼쪽으로 90도 돌리기
- 변
- 오른쪽으로 90도 돌리기
- 오른쪽으로 뒤집기
- 민
- 아래로 뒤집기
- 호

경고장을 보낸 이의 이름은 **'변민호'**야.

어느 수학자의 비참한 최후

   4세기 말, 알렉산드리아에는 히파티아라는 철학자이자 여성 수학자가 살았다. 히파티아는 역시 유명한 수학자이자 천문학자인 아버지 테온과 함께 수학책을 낼 정도로 실력이 뛰어났다. 게다가 외모도 아름다워서 많은 왕자들이 청혼을 하였는데, 그때마다 히파티아는 '나는 진리와 결혼했다'라고 말하며 거절했다.

   당시 알렉산드리아는 최첨단 학문의 중심지였고, 서로 다른 종교들이 어우러진 곳이었다. 그런데 키릴루스가 알렉산드리아의 주교직을 맡으면서 문제가 생겼다. 키릴루스는 기독교가 아닌 다른 종교와 과학 등을 박해하기 시작한 것이다.

   알렉산드리아의 관리 오레스테스는 키릴루스의 박해를 반대하기 위해 히파티아의 도움을 받아 정당을 만들었다. 키릴루스는 히파티아가 눈엣가시 같았다. 그래서 기독교인들을 동원하여 마차를 타고 강의를 하러 가는 히파티아를 끌어내 교회로 끌고 갔다. 그들은 히파티아를 잔인하게 고문하고 불에 태워 죽였다. 알렉산드리아 도서관에 있던 그녀의 책까지 몽땅 꺼내 함께 태워 버렸다. 히파티아가 죽은 뒤 알렉산드리아의 도서관은 하나둘 문을 닫았고 번성하던 학문과 문화는 점점 쇠퇴하고 말았다.

불량소년 유령이 정말 우리 형?

선생님은 내가 혼자 학교에 오는 줄 알아. 지한이는 내가 탐정 유령이랑 둘이 학교에 오는 줄 알지. 하지만 하나도 둘도 아닌 셋이야. 나, 탐정 유령, 유령이 된 변민호 형.

유령이 된 변민호 형을 그냥 민호 형으로 부르겠어! 민호 형은 탐정 유령이 나를 지키는 바람에 아직 나를 괴롭히지 못했지만 내 곁을 맴돌며 **호시탐탐 날 노리고 있어.**

학교가 끝나고 영어 학원에 갈 때도 난 혼자가 아니야. 두 유령이 나를 따라오고 있지. 삽살개도 아니면서 서로 **으르릉 크르릉** 다투면서 말이야.

"늦었다. 오늘은 지름길로 가자."

지한이가 내 가방을 끌며 말했어. 나는 지름길로 가고 싶지 않았어. 그 길로 가면 두 번 다시는 지나가고 싶지 않은 골목길을 지나야 하거든. 바로 민호 형한테 돈을 뺏겼던 그 골목. 지한이는 내가 민호 형한테 돈을 뺏겼던 걸 몰라. 너무 창피하고 두려워서 지한이한테도 말을 하지 않았거든.

"그냥 큰길로 가자. 거기는……."

"우리 늦었잖아. 오늘 시험 본다고 했는데."

지한이가 앞서 뛰었어. 시험 보는 날이니까 늦게 가면 더 좋잖아. 지한이는 다 좋은데 공부하기 싫은 내 마음을 너무 몰라.

"너도 노력해서 공부를 좀 잘해 봐. 유령이 되고 보니 공부 안 하고 놀기만 한 게 엄청 후회되더라."

쳇, 어울리지 않게 웬 공부 타령? 나는 민호 형의 말은 들은 척도 하지 않고 지한이를 따라 그 골목으로 들어섰어. 오늘은 지한이와 함께 가니까 별일 없겠지? 그런데 야구 모자를 삐딱하게 쓴 형들 둘이서 우리에게 손짓을 하지 뭐야. 어쩐지 느낌이 안 좋았어. 놀자고 부르는 것 같지는 않았으니까.

"야! 너희 둘, 이리 좀 와 봐."

도망갈까 생각하는데 지한이가 나쁜 형들 앞으로 뚜벅뚜벅 걸어가는 거야. 지한이는 형들이 왜 자기를 부르는지 눈치를 못 챘나 봐. 친구를 버리고 혼자 도망갈 수는 없지. 나는 한숨을 푹푹 쉬며 지한이의 뒤를 따라갔어.

"긴 말 필요 없고, 가진 돈 다 내놔."

한 형이 내 눈을 쳐다보지도 않고 말했어. 지한이의 어깨가 바들바들 떨렸어. 나는 지한이의 팔을 잡아 내 뒤로 끌었어. 아무래도 경험이 있는 내가 형들을 상대하려고 말이야. 나, 너무 의리 있지?

"근데 저희는 돈이 없어요."

아침에 받은 용돈으로 아이스크림 사 먹기를 참 잘했다 싶었어. 억울하게 뺏기는 것보다 훨씬 낫잖아.

그때 뒤에서 으허형 울음소리가 났어. 나는 당연히 지한이가 우는 줄 알았어. 그런데 울고 있는 사람은 민호 형이었어. 아, 사람이 아니라 유령이지, 참. 어쨌든 민호 형은 엉엉 울면서 뭐라 뭐라 웅얼거렸어.

"형, 왜 울어요? 뭐라고 하는 거예요? 난 지금 위험에 처했다고요. 유령님들, 보고만 있지 말고 좀 도와줘요."
나는 공중에 떠 있는 탐정 유령과 민호 형을 향해 속삭였어.
"어허! 집중, 집중. 괜히 이상한 짓 하지 말고 돈이나 내놔. 뒤져서 나오면 신상에 좋지 않을 테니까."
다른 한 형이 내 잠바를 툭툭 건드리며 말했어. 어, 이거 신상 아닌데 비싼 건 줄 아나? 비싼 것인 줄 알고 뺏었다가

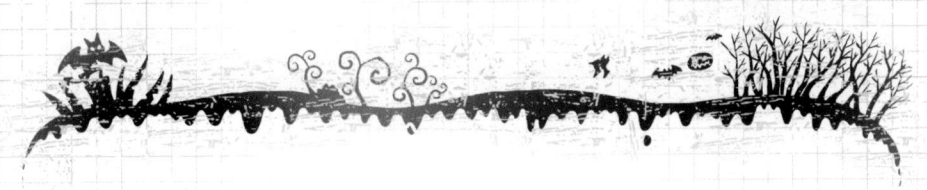

헌옷인 줄 알면 나중에 더 혼날 수 있으니까 사실대로 말해야지.

"이 잠바 신상 아니에요. 우린 신상 없어요. 전 사촌 형한테 물려 입고요, 내 친구는 자기 누나 것도 물려 입어요."

나는 우리의 사정을 최대한 또박또박 예의바르게 말했어. 우리가 돈이 없다는 걸 알면 좀 봐줄지도 모르잖아.

"야! 넌 몇 학년인데 우리말도 잘 모르냐? 신상의 뜻은 일신상에 관한 일, 그러니까 네 처지에 관한 일을 말하는 거야. 한자로는 몸 신(身), 윗 상(上)."

나쁜 형은 꼭 선생님처럼 설명을 했어. 나는 선생님의 설명을 들을 때처럼 멍하니 쳐다보았지. 그때 민호 형이 울음을 멈추고 내게 말했어.

"천재야. 저 애를 도와줘. 이런 짓 못하게 말려 줘."

"지금 누가 누굴 도와요. 내가 당하는 중인 거 안 보여요?"

"저 애는 내 동생 변민수야. 내 동생이 나처럼 불량 소년이 되길 원하지 않아."

민호 형은 저 나쁜 형이 무척 똑똑하고 수학도 엄청

잘한대. 그런데 아빠가 집을 나가고 민호 형마저 방황을 하다가 죽자, 그 충격으로 저렇게 됐다고 설명해 줬어. 그럼 민호 형이 내게 볼일이 있다는 게 이거야? 이 골목으로 나를 오게 한 것도 민호 형이 한 짓이야?

"형! 살아 있을 때 나를 괴롭힌 것도 모자라 죽은 뒤에는 동생을 시켜 나를 괴롭히는 거예요? 도대체 나한테 왜 이래요?"

"미안해. 안과응보라고 난 아이들을 너무 괴롭혀서 천국에도 못 가고 여기 남아 있어."

"안과응보가 아니라 인과응보야! 한자성어를 쓰려면 틀리지 말든가, 틀릴 거면 쓰지를 말든가!"

탐정 유령은 민호 형 옆을 뱅뱅 돌며 구시렁거렸어. 언제는 나를 막아 준다더니 막상 문제가 생기니까 나를 도와줄 생각은 눈곱만큼도 없는 것 같았지.

"아우! 도대체 유령들은 왜 다 나한테 오는 거야? 할머니 유령은 내가 유령 심부름센터 같은 거

안 차렸다고 소문을 낸 거야, 안 낸 거야?"

나는 나쁜 형들이 지켜보고 있다는 것도 까먹고 머리를 쥐어뜯으며 소리쳤어. 순간 지한이가 내 옆구리를 쿡쿡 찔렀어.

"천재야, 지금 유령에게 불평하고 있을 때는 아닌 것 같아."

그랬어. 나쁜 형들이 이글이글 불타는 눈으로 나를 노려보고 있었거든. 더는 봐주지 않겠다는 듯이. 그래도 나는 탐정 유령에게 한 가지는 더 물어봐야 했어.

"탐정 유령님, 제가 이 형들한테 돈을 뺏기나요, 안 뺏기나요?"

"넌 뺏길 돈도 없잖아."

그 말은 내가 돈을 안 뺏긴다는 뜻이겠지. 그럼 당당하게 나가 볼까? 나는 민수 형에게 말했어.

"형은 수학도 엄청 잘하고 공부도 잘했다면서요? 형네 형이 유령이 돼서 여기 와 있는데요, 이런 짓 그만하래요. 이런 반항은 형한테 도움이 안 된대요. 그리고 우리를 빨리 보내 주래요."

마지막 말은 내가 덧붙인 거야.

"뭐? 네가 우리 형을 어떻게 알아?"

　민수 형은 주먹을 번쩍 들어 올렸어. 금방이라도 나를 때릴 것처럼. 민호 형이 민수 형의 팔을 붙잡았지만 유령을 느낄 수 없는 민수 형은 눈치채지 못했어.

　"민수야, 너 왜 이러니? 넌 한 번도 사람을 때린 적 없잖아. 우리 강아지 삐삐를 때린 적도 없잖아."

　나는 민호 형의 말을 그대로 따라 했어. 민수 형은 놀라서 나를 쳐다보았어.

　"민수야, 형이 미안해. 너, 공부만 하고, 책만 좋아해서 재수 없다고, 남자답지 못하다고 한 거 미안해. 진짜 남자다운 건 바로 너야. 너는 나와 달라서 반듯하고, 예의 바르고 마음이 따뜻하잖아. 지금은 힘든 일이 많아서 삐뚤어지고 싶을지 몰라도, 새옹치마처럼 나중에 잘 될 수 있어. 그러니까 민수야, 예전의 착한 너로 돌아와. 엄마가 슬퍼하지 않게."

　"새옹치마?"

　민수 형이 되물었어. 내가 뭘 잘못 전했나? 나도 한자성어에는 좀 약해서……

　"새옹치마? 한 글자씩 틀리게 말하는 버릇……. 정말 형이야? 아니야, 그럴 리가 없지. 만날 전교 꼴찌하던 형은 유령이 되어서도 공부하란 말 같은 거 할 사람이

아니니까. 형은 나한테도, 엄마한테도 관심이 없었으니까 유령이 되어서도 날 찾아오지 않을 거야. 너, 조그만 녀석이 나를 속이려 들어? 가만두지 않겠어."

민수 형은 더 화를 냈어. 이러다 나, 된통 당하는 거 아니야? 이러다 나까지 유령 되는 거 아니냐고! 난 민호 형을 다그쳤어.

"둘만 아는 이야기를 좀 해 봐요. 뭐든지 증거가 될 이야기를 해 보라고요."

"민수야, 엄마 가게에 위조 수표가 들어왔던 일 기억나지? 누가 9만 원짜리 장난감을 사면서 10만 원짜리 수표를 냈잖아. 마침 거스름돈이 없어서 엄마는 너한테 옆 가게에서 수표를 바꿔 오라고 해서 손님에게 만 원을 거슬러 주었지. 나중에 그 수표가 위조 수표인 것을 알고, 엄마는 옆 가게에 10만 원을 돌려줬지. 그리고 20만 원이나 손해를 봤다며 한숨을 푹푹 쉬었잖아."

민수 형의 눈이 커졌어. 이제 민호 형이 여기 있다는 것을 믿겠지?

"그랬었어. 사실 엄마는 20만 원을

손해 본 게 아니었는데, 엄마가 얼마를 손해 봤더라?"

민호 형은 아무 말도 하지 않았어.

"민호 형, 어서 대답해요. 대답을 해 줘야 민수 형이 믿을 거 아니에요."

민호 형은 손가락을 꼽으며 우물쭈물했어.

"글쎄, 얼마였더라? 난 수학을 잘 못해서 잘 모르겠어."

민호 형은 부끄러운 듯 온몸이 빨개져서는 내 귀에 대고 이렇게 속삭였지.

"네가 좀 계산해서 대신 말해 줘. 넌 천재라며?"

으이구, 도대체 우리 아빤 내 이름을 왜 천재라고 지은 거야? 나는 유령 세계에 소문이 제대로 나기를 바라며 또박또박 다시 말해 주었지.

"난 안천재거든요. 안 천 재. 천재가 아니라고요!"

다행히 민호 형과 얘기하는 동안 지한이가 뚝딱 답을 찾아내 내게 귓속말로 알려줬어. 역시 내 친구 진지한!

"형네 엄마는 10만 원 손해 봤어. 거슬러 준 만 원과 장난감 값 9만 원."

나는 지한이가 풀어 준 답을, 민호 형이 말한 것처럼 전했어. 그러자 민수 형은 눈물을 줄줄 흘리며 울기 시작했어.

"형, 정말 우리 민호 형 맞아? 흑흑."

민수 형은 민호 형이 무척 보고 싶었나 봐.

얼마를 손해 보았을까?

지한이는 역시 똑똑해. 위조 수표는 값어치가 없으므로 0원이나 마찬가지야. 엄마가 얼마를 손해 보았는지 그림으로 알아보자.

〈위조 수표라고 알기 전〉

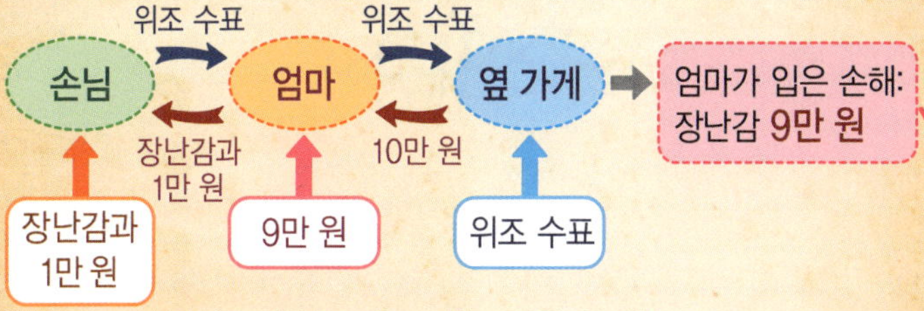

손님 →(위조 수표)→ 엄마 →(위조 수표)→ 옆 가게

엄마 →(장난감과 1만 원)→ 손님
옆 가게 →(10만 원)→ 엄마

장난감과 1만 원 → 손님
9만 원 → 엄마
위조 수표 → 옆 가게

엄마가 입은 손해: 장난감 9만 원

〈위조 수표라는 것을 안 후〉

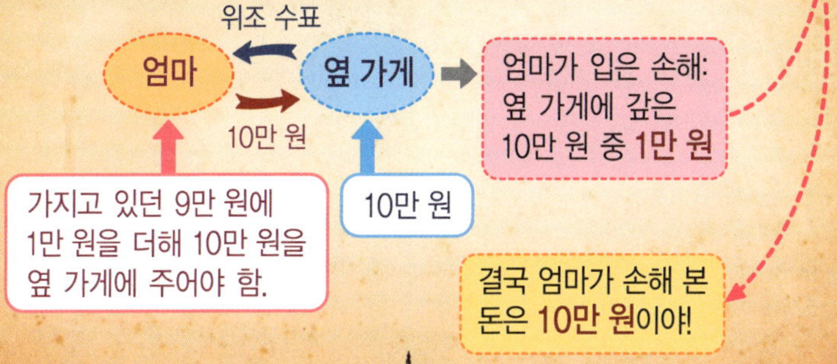

엄마 →(위조 수표)→ 옆 가게
옆 가게 →(10만 원)→ 엄마

가지고 있던 9만 원에 1만 원을 더해 10만 원을 옆 가게에 주어야 함.

10만 원 → 엄마

엄마가 입은 손해: 옆 가게에 갚은 10만 원 중 1만 원

결국 엄마가 손해 본 돈은 10만 원이야!

12

내 친구 아빠는
과연 어디에?

   민호 형 유령이 사라진 뒤 나는 잠시 평화를 찾았어. 한동안 유령들이 하나도 찾아오지 않았거든. 물론 탐정 유령은 여전히 내 곁을 맴돌며 잔소리를 했지만 그 정도는 참을 수 있으니까.
   나는 전처럼 지한이와 즐겁게 놀고 싶었어. 게임도 하고, 축구도 하고, 수영도 하고……. 하지만 지한이가 좀 달라졌어. 나랑 말도 잘 안 하고, 집에도 혼자 갔어. 역시 유령 때문에 나랑 다니기 부담스러운가? 혼자 걸어가는 지한이의 뒷모습을 보며, 한편으로 지한이를 이해하면서도 조금은 서운했어.

"인생은 원래 그런 법이야. 친구도 만났다 헤어지고, 나중에 또 만날 수도 있고, 영원히 못 만날 수도 있고…….만나고 헤어지는 것도 인생의 한 부분이야."

 탐정 유령이 인생을 다 산 사람처럼 충고를 했어. 하긴 유령이 되었으니 산 사람으로서의 인생은 다 산 거 맞네! 나는 인생의 씁쓸함을 곱씹으려고 눈을 감았어. 그런데 조금 있다 눈을 떠 보니 지한이가 눈앞에 서 있었어.
 "어? 먼저 간 거 아니었어?"
 "으응. 천재 너한테 할 말이 있어서……."
 흠, 드디어 때가 온 건가? 유령이 무서워서 더는 내 친구로 남을 수 없다고 선언할 건가? 나는 쿨하게 받아주며 '알았어,

콜!'이라고 말할까, '조금만 기다려 줘. 유령을 다 쫓을게.'라며 매달릴까?

"천재야, 유령들이 널 찾아오는 거 말이야……."

역시, 유령 얘기로 시작하는군. 난 일단 마음을 가다듬으며 고개를 끄덕였어. 아무렇지도 않다는 듯.

"네가 유령을 찾을 수는 없는 거야?"

"뭐, 뭐라고?"

아무렇지도 않은 척하려 했는데 나도 모르게 말까지 더듬었어. 워낙 뜻밖의 얘기라서 말이야.

"음, 그러니까, 내가 어떤 유령을 찾고 싶다고 하면 네가 찾아줄 수도 있느냐고."

오는 유령도 싫은데 유령을 찾으러 다니겠냐고? 물론 절대 싫지. 도망가는 노비를 잡아다가 주인에게 대령하는 추노도 아니고 말이야. 하지만 지한이가 부탁한다면 어쩌면, 아마도, 웬만하면 찾아 줘야겠지?

"너 유령 무서워하잖아. 근데 찾고 싶은 유령이 누군데?"

지한이는 고개를 푹 숙이고 작은 소리로

말했어.

"아빠."

난 잘못 들은 줄 알았지. 약사인 지한이 아빠는 언제나 아파트 앞에 있는 진정제약국에 있으니까.

"지금 아빠 말고 내 친아빠."

세상에! 지한이 아빠가 새아빠였단 말이야? 확인하기 위해 다시 물어보기는 미안하고, 다시 안 물어보면 원래 알고 있었던 것처럼 보일 것 같고, 이 일을 어쩌란 말이냐? 복잡한 내 마음을 짐작한 듯 지한이가 먼저 입을 열었어.

"우리 친아빠는 내가 갓난아기 때 돌아가셨대. 물론 지금 아빠는 나를 무척 사랑해. 하지만 난 친아빠를 만나 보고 싶어. 딱 한 번, 일 분이라도 좋아."

"알았어. 꼭 만나게 해 줄게. 걱정하지 마."

나는 생각해 보지도 않고 말했어. 친구라면 그 정도는 해 줘야 하는 거 아닌가? 하하하. 그런데 어떻게? 지한이에게 큰소리를 땅땅 치고 돌아온 뒤 나는 고민에 빠졌어. 도대체 어디 가서 유령을 찾아야 하지? 공동묘지? 오! 그것만은 할 수 없어.

결국 나는 또 탐정 유령에게 도움을 청할 수밖에 없었어.

이런 운명의 장난 같으니라고!

"지한이 아빠 유령을 찾아달라고? 이름이 김수재? 이름

말고는 아는 게 없어? 그럼 어떻게 찾냐?"

"그러니까 탐정님한테 부탁하죠. 아무나 찾을 수 있으면 탐정이 무슨 필요가 있어요?"

"그건 그래. 나처럼 뛰어난 탐정은 이름만 알면 누구라도 찾을 수 있지. 사실 난 이름을 몰라도 찾을 수 있어."

탐정 유령은 목에 힘을 잔뜩 주고 사라졌어. 유령 세계로 날아가 지한이 아빠를 찾아오겠지?

일주일이 지났어. 그동안 탐정 유령은 코빼기도 비추지 않았지. 탐정 유령이 지한이 아빠를 못 찾는 건 아닌지 심하게 의심하고 있을 무렵, 드디어 탐정 유령이 나타났어.

"짠! 이 유령이 지한이 아빠 김수재야. 다들 덜보 박사

라고 부르던데?"

 탐정 유령이 데리고 온 사람은 덥수룩한 털보 아저씨였어. 지한이가 갓난아기 때 돌아가셔서 그런지 무척 젊어보였지. 털보 박사 유령은 수첩에 뭔가 적고, 생각하느라 나를 쳐다보지도 않았어. 그래도 난 큰 소리로 인사했어.

 "안녕하세요? 전 지한이랑 가장 친한 친구예요."

 못 들었을까? 나는 다시 한 번 말했어. 허리도 꾸벅 공손하게 숙이고 말이야.

 "지한이 친구 안천재입니다."

 털보 박사 유령은 그래도 고개를 들지 않았어. 뭔가 골똘히 생각하며 수첩에 적고 있었지.

 "소용없을 거야. 이 털보 박사는 지금 자기가 어디 있는지도 몰라. 새로운 수학 이론을 증명하겠다며 공부만 하고 있거든. 내가 끌고 오는 데도 수첩하고 저 고물 컴퓨터만 붙들고 있는 거야."

아! 지한이 아빠도 지한이처럼 공부를 잘했나 봐. 하지만 공부보다 아들이 훨씬 중요한 거 아니야? 나는 털보 박사 유령에게 바짝 다가가 다시 한 번 외쳤어.

"박사님, 전 박사님 아들의 부탁을 받았습니다."

털보 박사 유령은 그래도 고개를 들지 않았어. 하는 수 없이 나는 털보 박사 유령이 들고 있는 연필을 뺏었어.

"뭐 하는 거야? 난 연필을 들고 있어야 생각이 잘 난다고!"

털보 박사 유령이 버럭 화를 냈어. 조금 무서웠지만 나는 용기를 내서 말했어.

"공부도 중요하지만 아들이 더 중요하잖아요. 전 박사님의 아들 진지한의 친구예요."

"잠깐, 잠깐만. 뭔가 오해가 있구나. 난 아들이 없어. 결혼도 하지 않았는걸. 굳이 결혼을 했다면 수학과 결혼했다고 할까!"

엥? 이게 무슨 말이람? 나는 탐정 유령에게 물었어.

"뭐예요? 유령을 잘못 찾아왔잖아요."

"천만에. 나는 절대로 실수는 안 하거든! 가끔 유령이 되면서 기억을 잃어버리는 경우가 있는데 이 털보 박사도 그랬나 봐."

탐정 유령은 자신만만했어. 하지만 아들이 없다는 사람에게 지한이 얘길 어떻게 해야 하나? 나는 내 책상에 자리를 잡고

수학 연구를 시작한 털보 박사 유령에게 다시 물었어.

"정말로 아들이 없어요?"

"응. 난 수학과 결혼했어. 그건 분명해."

나는 고민에 빠지고 말았어. 지한이에게 아빠 유령이 지한이를 기억하지 못하더라고 하면, 지한이는 엄청 슬플 거야. 그렇다고 아빠 유령을 못 찾았다고 거짓말을 하면 나한테 실망하겠지?

나는 수학 연구에 빠진 털보 박사 유령을 쳐다보기만 했어. 내가 뚫어져라 보는 줄도 모르고 털보 박사 유령은 고물 컴퓨터를 두드리며 짜증을 냈어.

"기계는 역시 사람 머리를 따라가지 못해. 내가 암산을 해도 이 보다는 빠르겠어."

"제 컴퓨터 빌려 드릴까요? 새로 산 건데 완전 좋아요!"

털보 박사 유령의 눈이 반짝반짝 빛났어.

"그 대신 조건이 있어요. 제 친구 중에 수학을 아주 잘하는 아이가 있는데, 커서 수학자가 될 자질이 있는지 봐 주세요. 내일 한번 만나 주세요."

"좋다! 오늘 밤 이 증명을 끝내고 내일 수학 잘하는 어린이와 만나면 되겠다. 자, 어서 컴퓨터를 켜 봐."

나는 책상 위의 컴퓨터를 켜 주었어. 탐정 유령은 괜히 컴퓨터 주위를 어정거리며 종알거렸어.

"수학 하면 바로 나, 탐정 유령인데. 뭐 모르는 거 있으면 물어보쇼, 털보 양반."
하지만 털보 박사 유령은 수학 연구에 푹 빠져서 탐정 유령에게 관심도 없었어. 그날 밤 내 방 컴퓨터는 내내 불을 밝히고 있었어. 덕분에 나는 잠을 좀 설쳤지.

아침에 일어나 보니 컴퓨터는 꺼져 있고, 털보 박사 유령은 사라지고 없었어. 나는 허공에 대고 외쳤지.

"박사님, 약속 꼭 지켜야 해요! 학교 끝나고 제 친구 데려오면 꼭 만나 주셔야 해요."

그날 오후 나는 지한이와 함께 우리 집에 왔어. 지한이에게는 아직 아빠 유령을 찾았다고 말하지 않았어. 그냥 이렇게만 말했지.

"수학을 엄청 잘하는 유령을 찾았는데, 너희 아빠에 대해 알지도 몰라. 오늘 우리 집에 가서 만나 보자."

지한이는 유령이 무섭다는 말도 안 하고 선뜻 나를 따라왔어.

털보 박사 유령은 내 책상 위에 앉아 또 수학 공부를 하고 있었어.

"우리 왔어요. 박사님. 얘는 제 친구 지한이. 수학을 엄청 잘해요."

털보 박사 유령이 숫자를 적은 메모지를 내밀었어.

"풀어 봐."

나는 지한이에게 메모지를 건네 주었어.

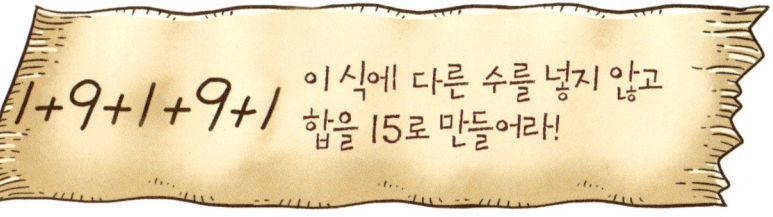

지한이는 메모지를 한 번 쓱 보더니 거꾸로 돌려서 내밀었어.

"왜?"

"이대로 보여 줘. 풀었다고."

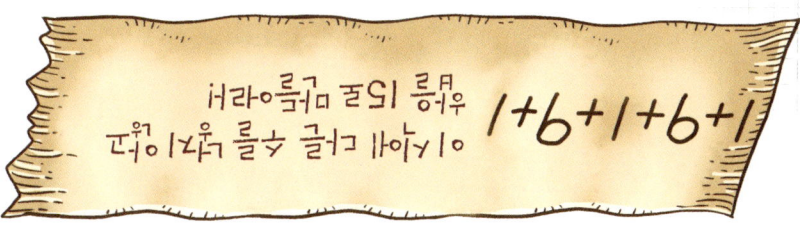

나는 무슨 뜻인지 몰랐지만 메모지를 지한이가 준 대로 거꾸로 돌려서 내밀었어.

털보 박사 유령이 허허허 기분 좋게 웃었지. 뭐지? 나만 소외되는 이 기분은?

"식을 거꾸로 돌리면 1+6+1+6+1이 되잖아. 그럼 답이 15야."

탐정 유령이 답을 가르쳐 주었어. 이렇게 쉬운 문제를 왜 몰랐지? 근데 이건 수학이 아니라 넌센스 퀴즈 같잖아.

"머리가 말랑말랑해야 수학을 잘할 수 있단다. 그런 점에서 네 친구 지한이 내 마음에 든다."

털보 박사 유령이 말했어. 그 말을 전해 주며 나는 가슴이 뭉클했어. 아직 알아차리진 못했지만 지한이 아빠가 아들을 좋아한다는 말이잖아.

"미래의 수학자 머리가 얼마나 말랑말랑한지 수학 게임 하나 더 할까? 동전을 8개 꺼내 오렴. 천재, 너도 함께 해 봐라."

수학 게임? 왠지 재밌겠는걸? 나는 털보 박사 유령의 말대로 동전을 8개 꺼내 나란히 내려 놓았지.

"동전을 두 개씩 쌓아 네 무더기를 만드는 거야. 단, 조건이 있어. 동전은 두 개의 동전을 넘어서만 이동할 수 있다. 자, 시작!"

내가 먼저 동전을 이리저리 옮겼어. 하지만 아무리 해도 두 개씩 두 무더기 밖에는 만들 수 없었지. 어휴, 나는 머리를 헝클어뜨리며 포기했어. 사실 난 미래의 수학자가 될 생각은 눈곱만큼도 없다고!

이번 문제는 지한이도 쉽게 풀 수 없었어. 지한이가 동전을 요리조리 옮기며 한숨을 쉬자 털보 박사 유령이 허허허 웃으며 말했어.

"초등학생이니까 힌트를 하나 주지. 맨 처음에 4번째 동전을 7번째 동전에 올려놓으면 돼."

지한이는 그 말대로 7번째 동전 위에 동전을 쌓았어. 나와 두 유령은 지한이가 다음에 어떻게 할까, 숨을 죽이며 지켜보았지. 지한이는 빙긋 웃으며 6번째 동전을 2번째 동전 위에 올려놓고, 3번째 동전을 1번째에 올려놓고, 5번째 동전을 8번째 동전 위에 올려놓았어.

"다 했다! 맞았죠?"
내 친구지만 정말 대단해!

지한이는 어떻게 풀었을까?

이번에도 지한이가 해냈어.
지한이가 동전을 어떻게 옮겼는지 그림으로 보여 줄게.

첫 번째 힌트! 4번 동전을 5, 6번 동전 두 개를 넘어 7번 동전 위에 올리기.

① ② ③ ④ ⑤ ⑥ ⑦ ⑧

두 번째! 6번 동전을 3, 5번 동전 두 개를 넘어 2번 동전 위에 올리기.

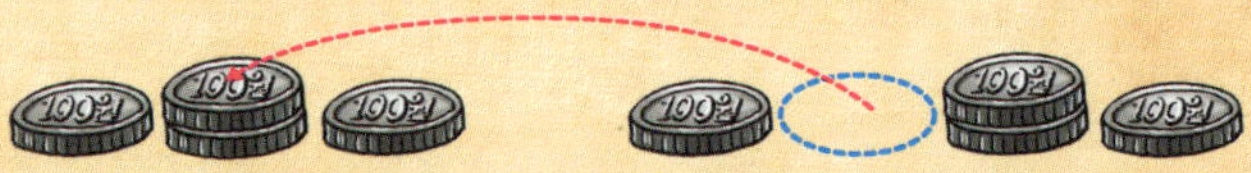

세 번째! 3번 동전을 2번에 쌓인 두 개의 동전을 넘어 1번 동전 위에 올리기.

네 번째! 5번 동전을 7번에 쌓인 두 개의 동전을 넘어 8번 동전 위에 올리기.

피타고라스의 괴상한 죽음

　피타고라스는 제자들을 모아 '피타고라스 학파'라는 공동체를 만들었다. 피타고라스 학파는 남녀 구분 없이 회원을 맞이하고, 똑같이 연구하고, 그 성과를 나누어 가졌다. 그들은 채식을 하고, 흰옷을 입고, 가슴에는 정오각형의 별을 달았다.

　외부 사람들은 피타고라스 학파를 좀 괴상한 단체로 보았다. 실제로 피타고라스는 좀 괴상한 데가 있었는데, 그중 한 가지는 콩 금지령이다. 피타고라스는 콩을 너무 싫어하고 무서워해서 피타고라스 학파 모두에게 콩을 먹지 말라고 하였고, 결국 콩 때문에 죽음을 맞이했다.

　어느 날 피타고라스의 집에 불이 났다. 피타고라스를 노리는 누군가가 불을 지른 것이다. 다행히 피타고라스는 불을 피했지만 뒤에서 자객이 쫓았다. 피타고라스는 재빨리 달아났는데, 그가 도망치다 도착한 곳은 바로 드넓은 콩밭이었다. 뒤에서는 무서운 자객이 쫓아오고, 앞은 무서운 콩이 대롱대롱 매달린 콩밭이 막고 있는 상황에서 피타고라스가 내린 결정은 괴상했다. 피타고라스는 싫어하는 콩밭을 가로질러 달아나느니 차라리 자객의 손에 죽는 게 낫다고 생각한 것이다. 그래서 피타고라스는 콩밭 앞에서 죽게 된 것이다.

13
털보 박사님의 기억 찾기

"진지한이라고 했니? 참 수학 머리가 좋구나. 마치 내 어릴 적 모습을 보는 것 같아."

털보 박사 유령이 지한이를 칭찬했어. 나는 그때를 놓치지 않았지.

"당연하죠. 지한이는 박사님의 아들이니까요."

지한이는 깜짝 놀랐어.

"우리 아빠? 우리 아빠 유령이 여기 와 있어?"

"응. 방금 네게 문제를 낸 유령이 바로 네 아빠야."

지한이는 너무 놀랐는지 말도 못하고 붕어처럼 입만 뻥긋했어. 털보 박사 유령은 당황해서 두 손을 내저었지.

"난 아들이 없다니까. 난 수학과 결혼했다고 몇 번이나 말했잖아. 이 목걸이는 내가 수학과 결혼했다는 증거야."

털보 박사 유령은 가슴 속 깊은 곳에서 목걸이를 꺼내 보여 주었어. 반짝반짝 빛나는 금목걸이는 지한이도 볼 수 있었어. 이승에서 가져간 특별한 물건이라 그렇대. 별 모양의 목걸이에는 수재♡수학이라고 쓰여 있었지. 정말로 털보 박사 유령은 수학만 사랑하나 봐. 수학이 얼마나 좋으면 목걸이에 예쁜 여자 이름 대신 수학이라고 적었겠어? 정말 이해할 수 없는 사람, 아니 유령이야.

목걸이를 본 지한이는 왈칵 울음을 터트렸어.

"우리, 아빠, 맞아. 천재야, 우리 아빠 유령 맞아."

지한이는 숨겼던 목걸이를 꺼내 보여 주었어.

'수재♡수학'이라고 쓰인 털보 박사 유령의 것과 똑같은 목걸이였어. 누가 보아도 둘이 나누어 가진 게 분명했지.

내가 털보 박사 유령이 내 방 어디에 있는지 말해 주지 않았는데도 지한이는 정확히 털보 박사 유령이 있는 쪽을 바라보았어. 아빠와 아들은 통하는 데가 있나 봐.

"이건 엄마가 친아빠랑 결혼할 때 받은 커플 목걸이래요. 엄마가 지금 아빠와 재혼하면서 저에게 줬어요. 우리 엄마 이름이 '수학'이거든요."

"네 엄마 이름이 수학이라고? 그럼 내가 결혼한 수학이 학문으로서의 수학이 아니라 사람 이름이란 말이냐?"

나는 털보 박사 유령의 말을 지한이에게 그대로 전하기로 했어.

털보 박사 유령은 고개를 절레절레 흔들었어. 목걸이를 보고도 지한이 엄마와 지한이가 생각나지 않나 봐.

"그럴 리가 없어. 나는 평생을 수학에 바치기로 결심하고, 대학 때는 국제 수학 올림피아드를 나가고, 매주 멘사 클럽 회원들과 수학 퍼즐을 풀었……."

털보 박사 유령은 말을 하다 말고 뽕망치에 머리를 얻어맞은 듯 깜짝 놀랐어.

"맞아. 멘사 클럽에서 단발머리에 까만 뿔테 안경을 쓴, 수학을 무척 잘하는 여자를 만났어. 그녀 이름이 수학……."

털보 박사 유령은 온몸을 벌벌 떨며 덥수룩한 머리를 쥐어뜯었어. 까맣게 잊었던 기억들이 한꺼번에 솟구쳤나 봐.

"아! 맞아. 나는 수학 씨를 사랑해서 결혼했어. 이제 다 생각나. 우리는 아들을 낳았는데 수학 씨를 쏙 빼닮았지."

털보 박사 유령은 순식간에 모든 기억을 떠올렸어.

털보 박사 유령은 눈을 지그시 감고 아기를 안는 시늉을 했어. 지한이가 아기였을 때가 떠올랐나 봐.

"우리 아기는 아주 사랑스러웠지. 아기가 태어날 무렵 나는 아주 중요한 연구를 하고 있었는데, 아기를 보느라고 연구를 끝내지 못했어. 어제 천재 네 컴퓨터로 끝낸 연구가 바로 그것이란다. 하지만 난 연구를 하지 못해도 상관없었어. 우리 아들은, 우리 지한이는 그런 것들보다 훨씬 더 소중했으니까."

지한이는 얼굴이 발개졌어. 친아빠가 자기를 얼마나 사랑했는지 듣게 되어서 아주 행복한가 봐. 나도 내 입으로 지한이 친아빠의 말을 전해 주어서 무척 기뻤어. 그런데 한참

얘기를 하던 지한이 아빠의 얼굴이 새빨개졌어.

"근데 우리 수학 씨는, 잘 있지?"

지한이가 고개를 끄덕였어.

"다행이다. 보고 싶다."

지한이 아빠와 지한이는 한동안 말없이 서로를 바라보았어.

지한이는 무슨 말을 하고 싶은지 손가락을 꼬물거리며 한참 망설이다가 겨우 입을 열었어.

"엄마가…… 지금 아빠랑 결혼해서 속상하세요?"

지한이 아빠도 손가락을 꼬물거리며 망설이다 말했어.

"수학 씨만 행복하면 괜찮아. 어차피 난 유령이니까."

지한이는 더 많이 망설이다 더 작은 소리로 물었어.

"제가 지금 아빠를 좋아하는 건요?"

지한이는 금방이라도 울 것 같았어. 하지만 지한이 아빠는 빙그레 웃었지.

"너만 행복하면 아빠는 좋아. 그런데 지금 네 아빠, 수학은 좀 잘하냐?"

지한이도 웃으며 고개를 저었어.

"아니요. 돈 계산도 만날 틀려요."

지한이 아빠는 지한이를 꼭 안아 주었어. 하지만 지한이는 유령인 아빠의 품을 느끼지 못했지. 내가 지한이라면 아빠 품을 딱 1분만이라도 느끼고 싶을 것 같아.

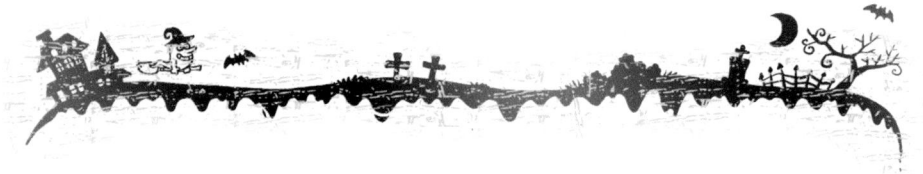

"박사님, 제 몸을 빌려 지한이를 안아 주세요."
지한이가 반가운 표정으로 물었어.
"정말, 그래도 돼?"
나는 고개를 끄덕였어. 이 감동의 순간에 나도 무언가 꼭 하고 싶었거든. 아! 노벨평화상이라도 받아야 하는 거 아니야?
"그럴 순 없단다."
지한이 아빠는 뜻밖의 대답을 했어. 고마워할 줄 알았는데 말이야.
"천재 너는 내 아들의 친구잖니. 그럼 내 아들이나 마찬가지인데 그런 위험한 일을 시킬 수는 없지. 천재 네 마음만 받으마. 앞으로 우리 지한이에게 힘이 필요할 때 언제라도 네가 안아 줄 것으로 믿으마."
아! 지한이 아빠, 왜 이렇게 멋진 거야? 우리 아빠는 한 손에는 텔레비전 리모컨을 들고 다른 손으로 코딱지를 파며 방귀나 뿡뿡 뀌는데. 나는 너무나 멋진 지한이 아빠를 존경하기로 했어.
"자, 지금부터 우리 아들하고 게임하며 재미나게 놀고 싶은데, 천재가 좀 도와줄래?"
지한이와 지한이 아빠는 마방진을 풀며 놀기로 했어.
"마방진이면 내 전공이야! 내 이름이 마방진이잖아. 나도

끼워 줘, 응? 나도, 나도."

탐정 유령은 지한이보다 더 좋아하며 방방 뛰었지만 부자간의 놀이에 낄 수는 없었지.

"쳇, 나도 아들을 하나 낳든지 해야지, 서러워서 원!"

탐정 유령은 아쉬워하면서 두 부자의 놀이를 구경했어. 물론 내가 보기에는 게임……이 아니라 수학 공부 같았지만.

"이 마방진의 빈칸을 채워 보렴. 1에서 9까지의 숫자가 한 번씩 다 들어가야 하고, 가로, 세로, 작은 원과 중심, 큰 원과 중심의 합이 모두 25가 되어야 한단다."

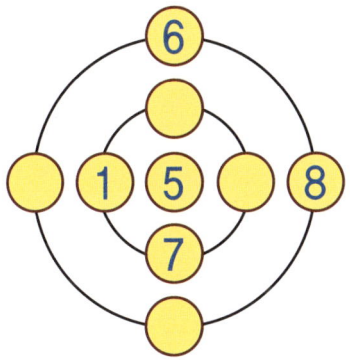

뭐가 어떻다고? 털보 박사 유령의 말을 지한이한테 전하기는 하는데 무슨 말인지 도통 모르겠어. 이렇게 복잡한 걸 과연 지한이가 풀 수 있을까? 지한이가 수학을 좀 잘하긴 하지만 나와 똑같은 5학년 어린이라고! 대학생이 아니라! 하지만 문제를 전해 주자 지한이는 신나서 소리쳤지.

"좋아요! 도전!"

지한이는 엄청난 집중력을 발휘했어.

마방진 게임에 끼지 못해 심통이 난 탐정 유령은 게임을 방해하려고 시끄럽게 떠들었어.

"뭐야, 이건 조선시대 수학자 최석정이 만든 마방진이잖아. 진짜 수학자라면 자기가 새로 만든 마방진으로 문제를 내야지. 생각보다 실력이 별로인 거 아냐?"

지한이가 유령의 말을 듣지 못해서 얼마나 다행인지 몰라. 아니면 탐정 유령의 방해 때문에 마방진을 끝까지 완성하지 못했을지도 몰라. 다행히 몇 분 뒤 지한이는 싱글벙글 웃으며 소리쳤지.

"짠! 다 했어요."

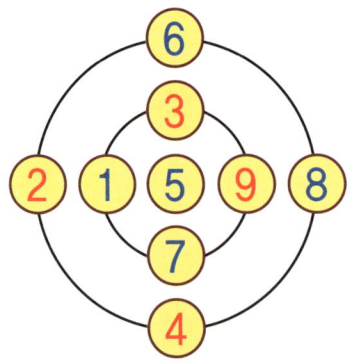

정말로 지한이는 빈칸에 숫자를 다 채웠어.

"털보 양반, 당신은 좋겠수. 저런 아들이 있어서. 흑흑흑."

탐정 유령은 지한이 아빠를 부러워하며 우는 시늉을 했어.

"역시 내 아들, 나를 닮아 수학 머리가 아주 좋구나!"

지한이 아빠는 지한이를 몹시 자랑스러워 했어. 지한이도 아빠를 닮아서 몹시 기쁘다고 했어. 하지만 두 사람의 즐거운 시간은 오래가지 못했어. 기억이 되살아난 털보 박사 유령은 하늘나라로 올라가야 했거든.

"지한아, 아빠가 하늘나라에서 지켜볼 테니 즐겁고, 재미나고, 행복하게 살아야 한다. 사랑한다 내 아들."

"아빠두요. 아빠 사랑해요."

지한이는 울지 않으려고 애썼지만 닭똥 같은 눈물이 뚝뚝 떨어졌어. 지한이 아빠는 지한이의 볼을 한참 부드럽게 어루만지다가 반짝 빛이 되어 사라졌어. 지한이는 아빠가 사라진 줄도 모르고 가만히 서 있었어. 나도 한참 동안 기다려 주었어.

"우리 아빠, 이제 가셨니?"

"응."

"잘 가셨어?"

"응, 빛이 되어 사라지셨어."

또 울음을 터트릴 줄 알았는데 지한이가 싱긋 웃었어.

"고맙다, 천재야."

"고맙긴 뭘."

갑자기 분위기가 너무 숙연해졌어. 무거운 분위기를 좀 깨 보려고 나는 탐정 유령에게 말했지.

"탐정님은 하늘나라로 안 가요? 그만 떠돌고 올라가지 그래요."

"난 암호 편지를 풀 때까지 아무 데도 못 가거든. 그러니까 다른 유령들 부탁일랑 그만 들어주고 내 보물 상자나 찾아! 안 그러면 으흐흐흐흐."

탐정 유령은 눈이 퀭한 해골 모양으로 변해 나를 덮쳤어. 내가 소리를 꽥꽥 지르며 떨 줄 알고. 하지만 나, 별별 유령들에게 단련된 몸이거든. 이제 그런 협박에 절대로 넘어가지 않아. 보물 상자를 찾아 얼른 탐정 유령에게 벗어나고 싶긴 하지만, 내 인생 차근차근 살면서 할 거라고.

나는 태연하게 탐정 유령을 밀어내고 지한이게 궁금했던 것을 물었어.

"지한아, 넌 정말로 수학 게임이 재밌어?"

"응, 이번엔 아빠랑 해서 더 좋았지만 다른 때도 난 수학

게임이 정말 재밌어. 컴퓨터 게임보다 훨씬."
  내 친구지만 참 이상한 녀석이야. 근데 수학 게임이 정말 재미있을까? 나도 한번 진지하게 해 볼까?

마방진을 푸는 비결

마방진이란? 여러 개의 자연수를 나열하여 가로, 세로, 대각선 등의 합을 모두 같게 만드는 것을 말해. 오른쪽 마방진은 가로, 세로, 작은 원과 중심, 큰 원과 중심의 합이 모두 25가 된대. 그렇다면?

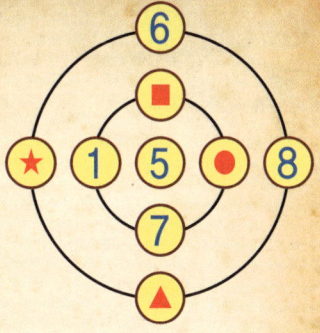

(가로의 합)=★+1+5+●+8=25 → ★+●=11
(세로의 합)=6+■+5+7+▲=25 → ■+▲=7
(작은 원과 중심의 합)=■+●+7+1+5=25 → ■+●=12
(큰 원과 중심의 합)=6+8+▲+★+5=25 → ▲+★=6

이 마방진에는 1에서 9까지 숫자가 한 번씩 다 들어가야 하므로, ■, ●, ▲, ★는 2, 3, 4, 9 중 하나야.
따라서 ■=3, ●=9, ▲=4, ★=2가 돼.

누가 탐정 유령을 뒤쫓는가?

저녁 무렵부터 추적추적 비가 왔어. 왠지 몸이 축 늘어지고 꼭 유령이 나올 것 같은 날씨였지.

"유령님들, 더는 싫습니다. 유령 심부름센터는 완전히 문 닫았습니다."

나는 큰 소리로 외친 뒤 침대에 누웠어. 막 잠이 들 무렵이었어. 으스스 몸에 한기가 들더니 탐정 유령이 급하게 나를 깨우는 거야.

"천재야, 일어나. 좀 일어나 봐."

"아응, 잠 좀 자자구요."

나는 눈도 못 뜬 채 웅얼거렸어.

"지금 잠이 문제야? 혹시 누가 찾아오면 나 봤단 얘기 절대 하지 마. 넌 마방진도 모르고, 탐정 유령도 모르는 거야. 알았지?"

탐정 유령은 제 할 말만 쏟아내고 도망치는 범인처럼 사라졌어. 도대체 무슨 일이지? 궁금했지만 너무 졸려서 무슨 일인지 생각해 보는 것은 이만 생략!

나는 도로 이불을 뒤집어썼어. 그런데 이불 속으로 뭔가 뜨거운 게 쑥 올라오는 게 아니겠어!

"헉! 누구야?"

나는 이불을 홱 걷어내며 소리쳤어.

"읍읍읍!"

내가 걷어찬 이불이 내 얼굴을 덮쳐서 안 그래도 뜨거운데 숨까지 막힐 지경이었지.

"너냐? 유령을 본다는 천재가?"

태양처럼 얼굴이 시뻘건 유령이 이불을 들추며 물었어. 아니라고 우기고 싶었지만 다 알고 찾아온 것 같아서 고개를 끄덕였어.

"천재같이 생기진 않았는데……. 암튼 그건 됐고, 너 마방진 알지? 지금 어딨냐?"

나는 고개를 저었어. 무슨 일인지 몰라도 탐정 유령의 일에 얽히고 싶지 않았지.

"네가 마방진이랑 친하다는 소문이 있던데? 어디 갔는지 몰라? 만날 네 방에서 수학 문제 풀며 같이 논다던데?"

"안 친하거든요! 전 수학 엄청 싫어하고요, 탐정 유령이랑 얼른 헤어지는 게 제 소원이에요."

"그래? 어린이는 거짓말을 안 하니까 네 말을 믿을게. 담에 볼 때까지 그럼 안녕!"

빨간 유령은 몸이 점점 작아지더니 빨간 점이 되어 뿅 사라졌어. 되게 무섭게 나타나더니 사라질 때는 웃기기까지 했지. 탐정 유령은 저런 유령이 무서워서 피한 거야? 담에 만나면 한껏 비웃어 줘야지. 나는 다시 이불 속으로 들어갔어. 그런데 이불이 눌어붙어 있는 거야. 빨간 유령은 정말로 뜨거운 불 유령이었나 봐.

나는 겁이 나서 온몸이 덜덜 떨렸어. 빨간 유령이

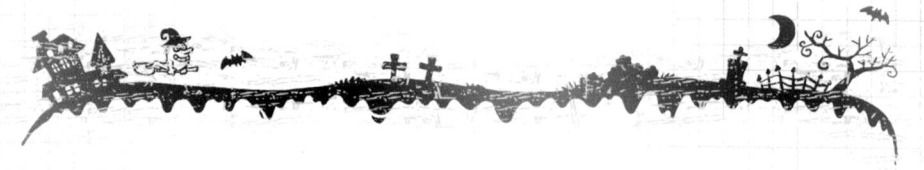

 무섭냐고? 천만에. 이불 속에서 불장난했다고 엄마한테 혼날 게 무서워서야.
 눌어붙은 이불을 대충 덮고 자려는데 이번에는 얼음같이 차가운 기운이 뺨에 느껴졌어. 눈을 번쩍 떠 보니 벨벳 드레스를 입고, 망사가 달린 모자를 쓴 누나가 나를 쓰다듬고 있었어.
 "깼니? 아가야아아아? 미안하구나! 꼭 물어볼 게 있어서어어어."
 누나 유령의 목소리는 유령과 처녀귀신을 합한 것보다 더 소름끼쳤어. 게다가 목소리 끝은 왜 이렇게 떨리는 거야? 나도 덜덜 떨리는 목소리로 물었어.
 "무, 무슨 일인데요?"
 "누굴 찾아왔어어어. 마아아 바아앙 지이인. 알지?"
 탐정 유령이 모른다고 하라고 했는데 내 의지와 상관없이 고개가 끄덕여졌어.
 "어디 있니니니?"
 "모, 몰라요."
 "마아아 바아앙 지이인이 다시 오올까아?"
 "아, 아마두요."
 누나 유령은 내 의자에 앉았어. 허리를 꼿꼿하게 세우고 완전 바른 자세로. 유령이라기보다는 여배우처럼 당당한

포즈를 취했지.

"저기, 유령님, 여기서 탐정 유령을 기다릴 건가요?"

누나 유령이 고개를 끄덕였어. 아! 오늘 밤도 정말 길고 끔찍한 밤이 되겠구나! 에라, 모르겠다. 나는 이불을 뒤집어쓰고 자려고 애썼어. 유령을 한두 번 본 것도 아니니까 유령이 있든 말든 내일 학교에 가려면 잠을 좀 자둬야지.

그러나 아무리 유령에 익숙해졌다 해도 여자 유령이, 처녀 귀신이 지켜보고 있는데 잠이 올 리가 있나. 결국 나는 잠을 포기하고 일어났어.

"무슨 일이죠? 탐정 유령을 왜 찾는 거예요?"

"마방진에게 억울한 일을 당했단다아아. 찾아서 따져야지이이."

역시 원한이 있는 사람들이 이승을 떠도는 유령이 되는구나. 난 죽기 전에 꼭 원한을 풀고, 잘못한 게 있으면 빌고, 모든 사람을 용서하고 떠나야지! 겨우 5학년이 결심하기엔 좀 이른 감이 있지만 나는 결심했어.

"들어보면 너도 날 이해할 거야아."

누나 유령은 얼굴을 반쯤 가린 모기장 같은 망사를 들추고 이야기를 시작했어.

"나는 천복녀야. 1930년대에 조선 반도를 뒤흔든 가수였지. 당시 사람들은 나를 보고 얼굴도 곱고, 목소리는

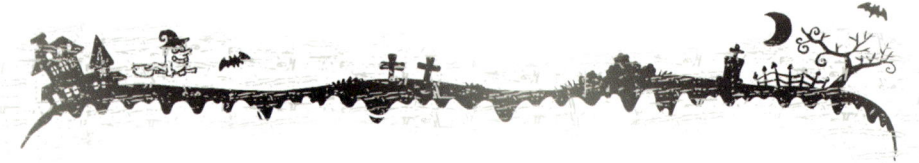

더 곱다고 야단이었지. 네가 봐도 그렇지? 그런데 나는 겨우 다섯 해밖에 가수 활동을 하지 못했어. 당시 조선을 지배하고 있던 일제가 조선말로 노래를 하지 못하게 했거든. 나는 비록 독립 운동은 못했지만 조선 사람 아니겠니? 하여 일본말로 노래를 부르진 않겠다고 했다가 결국 가수 생활을 그만두었단다."

"그래서요? 그게 탐정 유령과 무슨 상관이에요?"

복녀 누나 유령은 갑자기 벌떡 일어섰어. 좀 전에 나타났던 빨간 유령처럼 얼굴이 벌개져서 말이야.

"난 그렇게 조선을 위하는 애국 처녀였단 말이야. 그런데 마방진이 나를 **일제 스파이**로 모함한 거야. 내 약혼자 방정식 씨는 마방진과 같은 **조선수학연구회**에 있었는데, 마방진에게 그 이야기를 듣고 내게 파혼을 선언했어. 정식 씨는 나보다 조선을 더 사랑했기 때문에 스파이와는 결혼할 수 없다고 했지. 결국 나는 결혼도 못하고 처녀 귀신으로

떠돌고 있단다. 난 탐정 유령을 꼭 찾아 억울한 누명을 벗고 말 거야."

아우, 탐정 유령 때문에 옛날 옛적 일제시대부터 억울한 조상 유령들하고 놀게 생겼군. 언제쯤 천진난만했던 초등학생의 인생으로 돌아갈 수 있을까? 나는 한숨을 푹푹 쉬었어.

그때 빨간 불빛이 슝 나타났지. 아까 사라졌던 빨간 유령이었어.

"복녀! 여기 있었군"

"두 사람 아니, 두 유령님들은 아는 사이에요?"

"이 분이 내 약혼자 방정식 씨야. 우린 유령이 되어 다시 만난 뒤 마방진이 나를 스파이로 지목한 탓에 안타깝게

헤어졌다는 사실을 알게 되었어. 우린, 마방진을 혼내 주지 않으면 하늘나라로 갈 수 없어. 억울해서!"

"알겠어요. 근데 저 빼고 유령들끼리 해결하면 안 되겠어요? 네? 제발요."

나는 복녀 누나 유령에게 간절히 부탁했어. 하지만 두 유령은 내 책상과 의자에 사이좋게 앉아 속닥거리느라 내 말은 듣지도 않았어. 책상 위에는 하필이면 지한이가 놓고 간 수학 게임 책이 놓여 있었어. 조선수학연구회 출신인 방정식 유령은 눈을 반짝이며 책을 펼쳐 보았지.

"흠! 요즘 아이들은 좋겠어. 이렇게 재미있는 수학 게임책도 보고."

"그럼 우리도 보아요."

복녀 누나 유령도 눈을 반짝였어.

방정식 유령은 책장을 몇 장 넘기더니 갑자기 눈을 빛냈어.

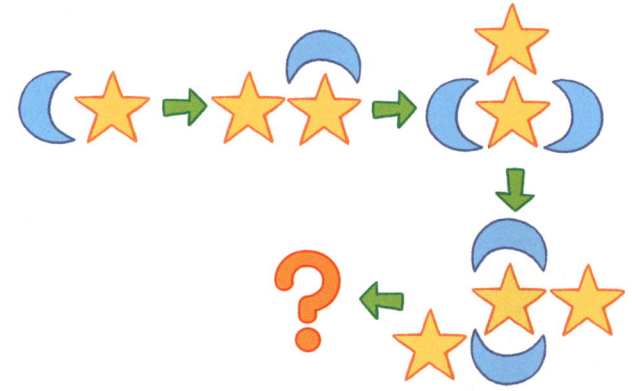

"복녀, 내가 재미있는 수학 문제 하나 낼까? 이 그림을 좀 봐. 별과 달이 많기도 하지?

그런데 이 다음에는 뭐가 들어갈까?"

복녀 누나 유령이 문제를 찬찬히 쳐다보더니 별과 달을 그려 넣었어.

"어때요?"

"어쩌지? 틀렸네. 천재 네 생각은 어때?"

"제가 어떻게 알아요?"

나는 퉁명스럽게 대답했어. 날 잠도 못 자게 만들고, 내 책상을 무단 점령하더니, 내게 수학 문제까지 내다니. 이건 너무 부당하다고!

"일정한 규칙에 따라 움직이는 거네요."

나는 생각할 시간이 하나도 없었는데 이상하게 머리가 돌아가기 시작했어. 수학 좋아하는 유령과 수학 좋아하는 친구와 놀다 보니 수학 머리가 좀 생긴 건가? 아니면 탐정 유령이 또 장난을 치는 건가?

"별의 왼쪽에 달이 떴어요. 첫 번째 그림을 오른쪽으로 90도 돌리고 왼쪽 아래에 별을 또 붙였고요."

"옳지, 그렇게 해서 정답은?"

복녀 누나 유령과 방정식 유령이 박수 칠 준비를 하며 나를 쳐다보았어. 내가 정답을 말하면 박수갈채가 쏟아지겠지.

어쩐지 긴장되는걸.

"그러니까 또 오른쪽으로 90도로 돌리고 왼쪽 아래에 붙이고……."

아아! 난 끝내 답을 말하지 못했어. 이렇게 어려운 문제를 풀 수 있었으면 나는 벌써 수학 도사가 되었을 거라고!

다음에 올 그림은?

천재가 끝내 구하지 못한 답을 알아볼까? 먼저, 그림을 하나하나 살펴보자고.

①을 오른쪽으로 90도 돌린 뒤 왼쪽 아래에 별을 그린다.

②를 오른쪽으로 90도 돌린 뒤 왼쪽 아래에 달을 그린다.

③을 오른쪽으로 90도 돌린 뒤 왼쪽 아래에 별을 그린다.

이제 알았지? ⑤번에 올 그림은 '④를 오른쪽으로 90도 돌린 뒤 왼쪽 아래에 달을 그린다.'야. 바로 오른쪽 그림처럼 말이야.

음악속에 숨은 수학의 비밀

　음계는 음악에서 쓰이는 음을 높이대로 차례로 펼쳐 놓은 것이다. 몇 개의 음을 사용하느냐가 바로 음계인 것이다. '도레미파솔' 5개 음을 사용하는 음계를 '완전 5음계'라고 하는데, 이것을 처음 생각해 낸 사람은 음악가가 아닌 고대 그리스의 수학자 피타고라스이다.

　피타고라스는 대장간에서 쇠망치로 쇠막대를 두드리는 소리를 듣고, 막대의 길이와 소리의 높이에 수학적 관계가 있다는 것을 알게 되었다. 피타고라스는 줄을 팽팽하게 고정시킨 뒤 줄의 길이와 소리를 비교해 보았다. 줄의 길이를 4분의 3, 3분의 2, 2분의 1…….

　이런 식으로 줄여 가면서 소리가 어떻게 변하는지 알아본 것이다. 그 결과 줄이 길면 진동 속도가 느려 음이 낮고, 줄이 짧으면 진동 속도가 빨라 높은 음이 난다는 것을 알아냈다.

　피타고라스는 이를 토대로 '도레미파솔'의 '완전 5음계'를 만들었다. 이 완전 5음계를 '피타고라스 음계'라고도 일컫는다.

15

진짜 스파이는 과연 누구?

　복녀 누나 유령과 방정식 유령은 내 방에서 다정하게 데이트를 했어. 저렇게 사이가 좋은데, 그냥 둘이 손잡고 하늘나라로 가지, 꼭 탐정 유령을 혼내 주어야 하나?
　탐정 유령은 어디를 떠돌고 있을까? 우리 집에서 편안하게 지낼 때가 좋다며 나를 그리워할까? 탐정 유령 생각을 하다가 나도 모르게 고개를 저었어. 마치 내가, 그러니까, 좀 쑥스럽지만 탐정 유령을 그리워하는 것 같잖아. 기다리는 것 같고. **혹시 나, 유령에 중독된 거 아닐까?** 탐정 유령은 일주일 동안이나 나타나지 않았어.
　그러던 월요일 수학 시간이었어. 수학 시간이라 탐정 유령

생각이 더 나서 수업에 집중할 수 없었지.

"이 문제는 천재가 풀어 볼까?"

선생님이 시키기까지 했을 때 완전 절망이었지. 설명을 제대로 안 들었거든. 나는 칠판 앞에 나가서 한숨을 푹 쉬었어. 그런데 놀라운 일이 벌어졌어. 나도 모르게 손이 확 올라가더니 **수학 문제를 척척 풀지 뭐야!**

"오! 천재 요즘 공부 열심히 하는구나. 이것도 풀 수 있겠니?"

선생님이 다른 문제를 써 주었어. 도통 모르는 문제였지. 그런데 내 오른손은 춤을 추듯 척척 문제를 또 풀었어. 내 손에 수학 잘하는 유령이 붙지 않고서야 불가능한 일이었지.

나는 왼손으로 오른손을 꼭 붙잡고 자리로 돌아왔어.

"이런 친절, 하나도 안 반갑거든요!"

나는 자리에 앉자마자 내 주위에서 어정거리는 탐정 유령에게 작은 목소리로 쏘아붙였어.

"우등생으로 만들어 줬으니 너희 집에 있는 커플 유령 좀 쫓아 줘. 천복녀가 얼마나 사나운지 넌 모를 거야. 잡히면 손톱으로 내 얼굴을 확 긁어 놓을걸."

탐정 유령이 둥실한 얼굴을 두 손으로 감싸며 엄살을 부렸어.

"누명을 씌우고, 파혼까지 당하게 만들었으면 그 정도는 당해도 싸요!"

하지만 난 탐정 유령의 얼굴에 손톱자국이 나는 걸 바라지 않았어. 물론 잘못은 사과해야 하지만 폭력을 당하는 건 반대야. **난 평화주의자거든!**

수업이 끝난 뒤 나와 지한이는 학교 주차장으로 갔어. 물론 탐정 유령도 함께했지. 우리는 어떻게 하면 커플 유령에게서 탐정 유령을 구해 낼지 의논했어.

"처녀 귀신인지 유령인지 하는 누나를 왜 스파이로 생각한 거예요? 자초지종을 좀 말해 보세요."

지한이가 물었어. 탐정 유령은 옛날 일이라 생각이 나지 않는다며 발뺌을 하다가 느닷없이 엄청 촌스러운 노래를 불렀어.

"정월 보름달이 밝게 떠오를 때 마포 나루에 황금 새가 날아드니……."

지한이한테 전하느라 나까지 음치 노래를 따라 불러야 했지.

"이게 바로 문제의 노래야. 조선수학연구회에서는 만주에서 활동하는 독립군을 위해 몰래 자금을 모았어. 그 자금은 정월 보름에 마포 나루로 들어온 독립군 자금책에게 전해 주기로 했지. 그런데 정보가 어떻게 새어 나갔는지, 일본군이 보름날 밤 마포 나루로 들이닥쳐 독립군 자금책을 체포하고 우리가 모은 자금까지 몽땅 빼앗아 가고 말았어. 조선수학연구회에서는 내게 스파이를 찾아달라고 했지. 나는 뛰어난 관찰력과 추리력으로 스파이를 찾다가 천복녀가 부른 노래에서 단서를 찾았지. 천복녀가 노래로 정보를 준 거야. 독립군의 위치를 알려준 거라고. 천복녀가 부른 노래 중에는 독립군에 대한 정보를 주는 게 꽤 많았어. 그러니 천복녀를 의심할 수밖에."

아, 나는 고개를 끄덕였어. 복녀 누나가 정말 스파이인 것 같아. 나한텐 애국 처녀라고 잡아뗐지만. 하지만 지한이 생각은 조금 달랐어.

"가수는 노래가 무슨 뜻인지 모르고 노래할 수도 있어요. 작사가나 다른 사람은 잘 알아봤나요?"

역시 지한이는 나보다 예리해.

"당연하지. 난 천복녀, 음반사 박사장, 작사가 조신재. 이 세 사람을 의심했어. 그래서 단서를 충분히 수집한 다음, 세 사람에게 물었지.

"뛰어난 마방진 탐정이 추리한 바로 당신 셋은 애국자, 친일파, 스파이야. 누가 애국자고, 누가 친일파고, 누가 스파이인지 직접 말해 보시지."

음반사 박사장은 불같이 화내며 말했어.

자네, 지금 무슨 소리를 하는 겐가?
난 친일파가 아니야.

작사가 조신재는 눈물을 뚝뚝 흘리며 말했어.

정말 미안하네. 난 친일파야. 날 욕하거나.
먹고 살기가 힘들어서 일본놈들한테
빌붙었네. 정말 잘못했네.

천복녀는 손사래를 치며 말했어.

난 스파이가 아니에요. 나는 작사가에게
받은대로 노래만 불렀어요. 노래에 독립군에
대한 정보가 들어 있는 줄은 몰랐다고요.

이 세 사람 중 오직 한 사람만 진실을 말했어. 나는 이 진술들을 분석하여 스파이를 찾으려고 했어. 그런데 천복녀가 펄펄 뛰며 방정식이 나를 가만두지 않을 거라고 야단이었어. 그 모습이 양심이 찔려 어쩔 줄 몰라 하는 것 같았지. 아니면 방정식보다 내가 백 배 멋있는데 방정식을 사귈 리가 있냐?"

엥? 여기서 방정식을 사귀는 얘기가 왜 나오지? 아무래도 탐정 유령이 복녀 누나를 좋아했던 것 같아. 질투에 눈이 멀어 잘못된 판단을 했을 수도 있지.

"탐정 유령님, 복녀 누나 좋아해요?"

급작스런 질문에 탐정 유령은 얼굴이 벌개졌어.

"아니야. 말도 안 되는 소리!"

"아님 말고요. **근데 펄쩍 뛰는 게 수상한데요!**"

나는 지한이에게 다시 한 번 스파이를 찾아보라고 했어. 수학과 논리력이 무척 뛰어난 탐정 유령도 질투 앞에선 머리가 얼어붙을 수 있으니까.

지한이는 각각의 사람이 한 말을 표로 나타냈어.

박사장	나는 친일파가 아니다.
조신재	나는 친일파이다.
천복녀	나는 스파이가 아니다.

※세 사람 중 단 한 사람만 진실을 말한다.

　지한이는 자기가 그린 표를 뚫어져라 쳐다보면서 한참을 중얼거리더니 탐정 유령을 향해 말했어.
　"탐정 유령님은 큰 실수를 했네요. 천복녀는 스파이가 아니에요. **진짜 스파이는 조신재예요.**"
　"조신재? 작사가 조신재? 정말이냐?"
　"네. 탐정 유령님은 질투 때문에 잘못된 판단을 한 것 같아요. 이제 어쩌실래요?"
　탐정 유령은 풀이 팍 죽었어. 좋아하는 복녀를 스파이로 몰아 불행에 빠트리다니, 남자가 절대로 해서는 안 되는 일이었지. 탐정 유령은 눈물까지 주르르 흘렸어.
　"어쩌지 이제? 조신재, 그 나쁜 녀석을 잡아올까? 그럼 복녀가 나를 용서할까?"
　탐정 유령은 정말로 괴로워했어. 그동안 미운 정이 들었는지 마음이 쓰여서 나는 탐정 유령을 달래 주었어.
　"내가 복녀 누나를 만나서 탐정 유령님께 너무 화내지 말라고 잘 말할게요. 이따 밤에 와서 잘못했다고 사과해요."
　탐정 유령은 힘없이 끄덕였어. 탐정 유령은 실의에 빠진 모습보다 **수학 왕**이고 **논리 왕**이라고 큰소리 땅땅 치는 모습이 보기가 더 낫더라.

스파이를 어떻게 찾았을까?

지한이는 예상하고 확인하는 방법으로 스파이를 찾아냈어. 누가 진실을 말했는지 예상하고, 이를 표로 확인해 보자.

 박사장: 나는 친일파가 아니다.
 조신재: 나는 친일파이다.
 천복녀: 나는 스파이가 아니다.

1) 박사장 말이 진실이라고 예상하기

박사장	친일파가 아니다.
조신재	친일파가 아니다.
천복녀	스파이다.

→ 진술 겹침

2) 조신재 말이 진실이라고 예상하기

박사장	친일파이다.
조신재	친일파이다.
천복녀	스파이다.

→ 진술 겹침

3) 천복녀 말이 진실이라고 예상하기

박사장	친일파이다.
조신재	친일파가 아니다.
천복녀	스파이가 아니다.

→ 진술 겹치지 않음

따라서 박사장은 친일파, 조신재는 스파이 또는 애국자인데 천복녀가 스파이가 아니라고 했으므로, 조신재는 스파이, 천복녀는 애국자야.

16

악보 속에 갇힌
탐정 유령을 구하라

"아무래도 내가 조신재를 잡아와야겠어."

탐정 유령은 이 말을 남긴 채 뾰로롱 사라졌어. 나는 탐정 유령이 금세 돌아올 줄 알았어. 독립군의 정보를 팔아먹은 스파이 조신재를 잡아서 의기양양하게 말이야. 그런데 열흘이 가까워 지도록 코빼기도 보이지 않는 거야.

그러던 어느 날 밤이었어. 한참 잠을 자는데 웬 유령의 목소리가 들렸어.

"천재야, 도와줘! 마방진 씨를 도와줄 사람은 너뿐이야."

나는 눈을 번쩍 떴어. 단발머리를 단정하게 묶은 누나가 걱정스러운 눈빛으로 나를 보고 있었어. 예쁘지는 않지만 야무져 보이는 인상이었지.

"탐정 유령은 지금 어딨어요?"

"너희 학교 음악실. 지금 당장 가 봐. 너무 늦으면……."

야무진 누나 유령은 목이 메는지 말을 잇지 못했어. 나는 벌떡 일어나 주섬주섬 옷을 입었어. 지금 시각은 아침 6시, 음악실은 아직 문도 안 열었을 거야. 아마 교문도 잠겨 있을걸. 하지만 문이 열릴 때까지 기다릴 수 없었어.

나는 천복녀, 방정식 커플에게 부탁했어.

"천방 커플, 나랑 좀 같이 가요."

"마방진 혼내 주러?"

복녀 누나 유령이 싸늘하게 웃으며 말했어. 복녀 누나 유령은 정말 무서워. 집요한 유령이야말로 **최고로 무서운 유령이야.**

"탐정 유령을 찾아야 혼을 내든지 말든지 할 거 아니에요."

나는 천방 커플을

앞세우고 학교에 갔어. 예상대로 교문은 굳게 잠겨 있었어. 나는 교문을 잡고 무작정 흔들었어. 그러자 교문이 철컥 열리는 게 아니겠니? 설마 꿈에 나온 야무진 유령이 열어 줬을까? 나는 음악실로 달려갔어. 음악실 문 역시 잠겨 있었지만 또 힘껏 흔드니까 그냥 열렸어. 나는 음악실 문을 벌컥 열었어. 스산한 기운이 훅 쏟아졌어. **나도 모르게 뒤로 한 걸음 물러설 정도로 냉랭한 느낌이었지.**

"왜 안 들어가? 마방진이 여기 없어?"

천방 커플이 나를 제치고 먼저 들어갔어. 천방 커플이 무사한 것을 확인한 뒤 나도 안으로 들어갔지.

음악실 안은 텅 비어 있었어. 창문에는 초록색 커튼이 쳐 있고, 의자들은 반듯하게 놓여 있고, 칠판은 깨끗했지.

"여기 없나 봐."

천방 커플이 음악실 안을 **천방지축** 날아다니며 말했어.

나는 음악실 맨 뒤에서 앞으로 걸으며 구석구석 살펴보았어. 탐정 유령이 천방 커플을 피해 숨어 있는지도 모르니까. 조심스럽게 커튼을 젖혀 보고, 고개를 숙여 의자 밑을 내려다 보고, 피아노의 뚜껑을 열어 보고……. 하지만 아무도 없었어.

"어디 있지?"

한숨이 푹 나왔어. 그때 끼이익 의자 움직이는 소리가

울려 퍼졌어.

"으허헉, 유령이다!"

나는 그만 주저앉고 말았어. 방정식 유령이 내 눈앞으로 쑥 날아왔지.

"나야, 내가 그랬어."

"아우 참, 무서운데 왜 자꾸 그래요."

"넌 뭐가 무섭냐? 유령이 나올까 봐 무서워? 우리가 바로 유령이야. 너랑 같이 한방에서 먹고 자고 노는 유령."

정말 그렇군. 유령을 둘이나 데리고 탐정 유령을 구하러 왔으면서 유령이 나올까 봐 벌벌 떨다니! 그래도 처음 보는 유령들은 무서운 걸 어떡해.

나는 한숨을 푹푹 쉬며 다시 한 번 주위를 둘러보았어. 이상한 건 아무것도 없었어. 피아노 의자 위에 있는 낯선 음악책 말고는.

"라흐마니노프 피아노……. 라흐마니노프가 뭐야?"

"그것도 몰라? 피아니스트이자 작곡가잖아. 손가락에 귀신이 붙었다는 말을 들을 정도로 엄청 빠른 곡으로 유명하지."

나는 음악책을 슬쩍 넘겨 보았어. 오선지에 정신없이 그려진 까만 콩나물대가리들은 까만 낙개미들이 우글거리는 것 같은 오소소한 느낌을 줬어. 나는 얼른

음악책을 덮어 의자 위에 올려놓았어. 그런데 음악책이 바닥에 툭 떨어지는 거야. 나는 음악책을 집어서 다시 의자 위에 올려놓았어. 음악책은 속에 작은 쥐라도 들어 있는 것처럼 꿈틀꿈틀 하더니 툭. 또 떨어졌지.

"으헉! 책에 귀신이 붙었나 봐."

"책이 아니라 손가락이 귀신같이 움직인다니까. 한번 볼래? 내가 쳐 볼게."

복녀 누나 유령은 온 몸의 기운을 모아 라흐마니노프 책을 피아노 위에 올려놓고 의자에 앉았어. 그러고는 첫 장을 넘겨 연주를 시작했지. 정말 정신없고 현란하지만 아름다운 음악이었어. 나는 귀신이 들린 것 같은 음악 연주 속에 폭 빠져들었어. 방정식 유령도 눈을 감고 몸을 흔들며 피아노 연주에 빠졌어. 그런데 복녀 누나 유령이 갑자기 피아노 연주를 멈추고 말했어.

"앗! 악보에, 악보 속에 마방진이 들어 있어."

마방진? 나는 피아노 위에 있는 음악책을 낚아채듯 가져와 펼쳐 보았어.

"아잉, 왜 이제 왔어? 나 좀 구해 줘."

탐정 유령은 복잡한 악보 속에 갇혀 있었어.

"뭐예요? 여기서 왜 이러고 있어요?"

"조신재가 나를 가뒀어. 어서 꺼내 줘."

"어떻게요? 어떻게 하지? 책을 찢을까?"

나는 당황해서 도통 머리가 돌지 않았지.

"안 돼. 그럼 내 몸도 영영 갈라져. 좀 좋은 생각을 해 봐."

탐정 유령이 울상을 지었어.

"그럼 태울까요?"

"좋은 생각이군. 그럼 마방진도 타서 영원히 없어지지."

어느 틈에 내 옆에 다가온 방정식 유령이 고개를 끄덕이며 말했어. **탐정 유령이 꽥 소리를 질렀지.**

"알았다고요. 안 태울게요. 그럼 어쩌죠? 좋은 생각을 좀 해 봐요, 탐정 유령님."

하지만 탐정 유령은 얼굴만 벌게질 뿐, 해결 방법을 생각하지 못했어. 갇혀 있으니 답답하고 무서워서 아무 생각도 안 나나 봐.

"내 생각에는 말이야……."

방정식 유령이 음악책을 툭툭 건드리며 말했어.

"음악과 수학은 비슷하니까 음악을 수학이라고 생각하고 해결하면 될 것 같아.
탐정 유령이 갇혀 있는 이 마디에는

음표가 머리만 있잖아. 박자에 맞춰 꼬리를 그려서 완성하면 될 것 같아."

"음표가 어쩌고 꼬리가 어쩐다고요? 난 그런 거 하나도 모르는데."

나는 우리 반 최고의 음치, 박치라는 걸 꼭 밝혀야 할까?

"그런 거 내가 좀 알지."

복녀 누나 유령은 검지에 침을 묻혀 악보를 넘겼어. 탐정 유령의 얼굴에 침을 묻혀 넘겨버린 거지. 탐정 유령은 꽥꽥 괴성을 질렀지만 복녀 누나 유령은 아랑곳하지 않았어.

"그럼, 누나가 악보를 완성해 줘요."

"내가 왜에? 말했잖아. 난 마방진을 혼내 주러 왔다고!"

나는 탐정 유령이 갇힌 쪽을 다시 펼쳤어. 그러자 탐정 유령이 오선지 사이로 입술을 쭉 내밀었어.

"천복녀, 미안해. 내가 오해했어. 실수였다고."

"미안하다고 하면 다예요? 깨져 버린 내 사랑은 어쩔 거예요?"

복녀 누나 유령은 여전히 새침했어. 하지만 나는 탐정 유령을 이대로 둘 수 없었어. 나는 복녀 누나 유령을 설득하기 위해 되는 대로 막 지껄였어.

"사랑이 뭐가 깨졌어요? 오히려 유령이 되어서 더 좋아졌잖아요. 유령 결혼식 하고, 유령 신혼여행 가고, 귀여운 유령 아기 낳고 잘 살면 되잖아요. 이제 죽어도 헤어질 일이 없으니 얼마나 좋아요!"

"정말? 정말 그렇구나. 우린 이제 죽어도 헤어지지 않아. 이미 죽었으니 다시 죽지 않으니까 말이야."

뜻밖에도 내 말은 엄청 효과가 좋았어. 복녀 누나 유령이 바로 고개를 끄덕이지 뭐야. 참 귀가 얇은 유령이야.

"우리 사랑의 은인을 두고 볼 순 없지. 꺼내 줄게요. 천재야 볼펜 들고 내가 그리라는 대로 그려 봐."

나는 볼펜을 들고 복녀 누나 유령의 지시를 기다렸어.

"4분의 4박자라는 것만 알면 간단해."

마디를 반쯤 완성했을 때 갑자기 복녀 누나 유령이 말을 멈추었어. 악보에서 반쯤 기어 나온 탐정 유령이 눈을 동그랗게 뜨고 쳐다보았어. 나도 깜짝 놀라 물었어.

"왜요?"

"다시 생각해 보니까 그냥 풀어 주긴 억울해."

"복녀, 미안해. 그때 나는, 스파이를 찾아내 독립군을 도울

생각밖에 없었어. 복녀에게 다른 나쁜 감정은 절대 없었어. 내 양심을 꺼내 보여 줄 수도 없고!"

탐정 유령은 가슴을 탕탕 쳤어. 하지만 복녀 누나 유령은 피아노 건반을 퉁퉁 치며 딴청을 피웠지.

"나도 이 날을 기다렸어."

내내 별 말이 없던 방정식 유령이 입을 열었어. 나와 탐정 유령은 엄청 불안해졌어.

"나는 자네를 용서하기 위해 기다렸네. 자네가 실수를 해서 복녀와 나의 운명이 꼬인 것은 틀림없는 사실일세. 내가 자네를 미워하고 원망하여 이승을 떠도는 것도 사실이고. 하지만 나는 자네가 자기 일에 최선을 다했다는 것을 알고 있지. 자네 때문에 우리가 헤어진 것을 알면, 자네 마음이 무척 불편할 거라는 것도 알고 있지. 그래서 자네를 만나

우린 괜찮으니 자네도 가벼운 마음으로 우리와 함께 하늘나라로 올라가자고 하려고 자네를 기다렸어."

오호! 방정식 유령은 완전 대인배였어. 복녀 누나 유령의 볼이 발그레해졌어.

"오! 정식 씨. 당신 말이 맞아요. 용서하지 않으면 마방진 씨는 물론 우리도 마음이 불편할 거예요."

복녀 누나 유령은 나머지 음표를 완성해 주었어. 박자에 맞게 악보가 완성되자 탐정 유령은 악보 밖으로 나왔어.

"미안하고 고맙네. 친구들."

탐정 유령은 천방 커플에게 악수를 청했어.

"저는요? 새벽부터 나와서 얼마나 고생했는 줄 알아요?"

나는 탐정 유령에게 눈을 부라리며 소리를 질렀어. 사실은 탐정 유령이 무사해서 좋아서 그런 거야.

그때 음악실 문이 벌컥 열렸어. 음악 선생님이 나를 보고 눈이 똥그래졌어.

"너, 여기서 뭐 하니? 언제부터 있었던 거야? 문은? 음악실 문은 누가 열어 줬니? 바른대로 말해!"

사실대로 말해도 믿어 주지 않을 거면서. 나는 넉살 좋게 헤헤 웃다가 쏜살같이 도망 나왔어.

음표를 분수로 나타내라!

음악에서 박자는 분수로 표시해. 즉, 분모는 음표의 종류를, 분자는 음표의 개수로 박자를 나타내.

$\frac{4}{4}$ 박자 → 4분 음표(♩) 4개가 한 마디를 이루는 박자

각 음표들이 몇 박자를 나타내는 지 살펴보자.

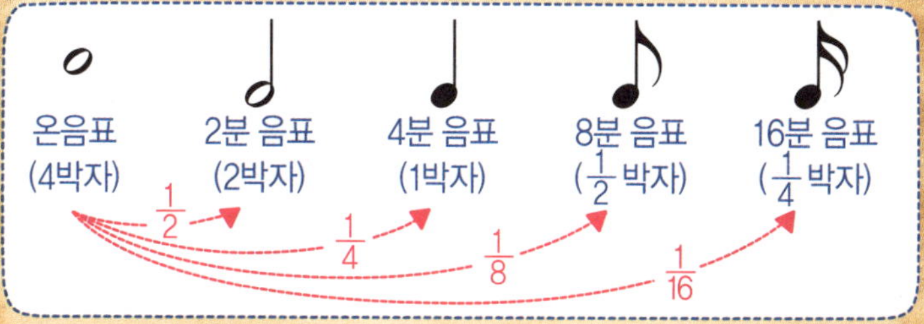

온음표	2분 음표	4분 음표	8분 음표	16분 음표
(4박자)	(2박자)	(1박자)	($\frac{1}{2}$ 박자)	($\frac{1}{4}$ 박자)

$\frac{1}{2}$, $\frac{1}{4}$, $\frac{1}{8}$, $\frac{1}{16}$

따라서 ♩=♪+♪=♪+♪+♪야. 이제, 음표를 그려 넣을까?

8분 쉼표

$\frac{4}{4} = \frac{1}{8} + \frac{1}{8} + \frac{1}{16} + \frac{1}{16} + \frac{1}{16} + \frac{1}{16} + \frac{1}{8} + \frac{1}{8} + \frac{1}{4}$

한 박자를 표현하는 데 다양한 음표를 활용할 수 있으므로, 음표의 종류와 순서에 따라 답은 여러 가지로 나올 수 있어. 또 어떤 답이 있을지 그려 봐.

갑자기 나타난 할머니의 정체는?

 잠을 자는 내내 가슴이 묵직한 느낌……. 눈을 떠보니 백발의 머리를 곱게 쪽진 할머니 유령이 내 가슴을 짓누르고 있었어.

 "놀랐느냐? 내가 무서우냐?"

 할머니는 퍽 다정하게 물었어.

 "머리 묶은 유령은 안 무서워요. 그래도 답답하니까 좀 비켜주세요."

 할머니 유령은 침대에 걸터앉아 나를 쳐다보았어. 어디서 본 듯한 얼굴 같아서 내가 물었지.

 "혹시 우리 할머니예요?"

"아니야. 엊그제 네 꿈에서 만났지."

"엊그제라면……, 젊은 누나 유령을 만났는데요?"

할머니는 말없이 나를 거울 앞으로 데려갔어.

우리는 나란히 거울을 들여다 보았지. 거울에 눈곱 낀 내 얼굴이 비쳤냐고? 천만에. 꿈에서 봤던 젊은 누나 유령이

보였지. 나는 깜짝 놀라 내 옆에 있는 할머니 유령 얼굴을 쳐다보았어. 백발의 할머니, 거울을 보면 까만 단발머리를 단정하게 묶은 처녀. 다시 옆의 얼굴을 쳐다보면, 쪼글쪼글 주름진 얼굴, 거울을 쳐다보면 뽀얗고 팽팽한 얼굴.

"어떻게 된 거예요? 하룻밤 사이에 폭삭 늙으신 거예요?"

"난 늙어 죽은 뒤 유령이 되었단다. 그래서 할머니 모습이지. 꿈이나 거울에서는 내가 원하는 젊은 모습을 보여 줄 수 있지만 현실에서는 죽기 직전의 모습이란다. 천재야, 내가 그렇게 늙었냐?"

순간 우리 아빠가 늘 하던 말이 떠올랐어. '여자에게 늙어보인다는 말은 절대로 해서는 안 된다. 할머니라도.'

"뭐, 괜찮아요. 할머니치고 그 정도면 훌륭하죠. 하하하."

마음에 없는 소리를 하려니까 나도 모르게 웃음이 나왔어.

"정말? 마방진 씨도 그렇게 생각할까?"

할머니 유령은 탐정 유령을 찾아온 모양이었어. 혹시 탐정 유령의 엄마? 그렇다면 **그동안 일을 몽땅 일러바쳐야지.**

"탐정 유령님의 어머니세요? 제가 그동안 탐정 유령님 때문에 얼마나 고생했는 줄 아세요? 보물 상자인지 뭔지 찾아내라며 들들 볶아 대는데……."

"떽!"

할머니 유령이 호통을 쳤어. 아들 흉을 봐서 그런가?

"난 엄마가 아니야. 난 마방진 씨 약혼녀 계순이야."

"엥? 계순이 누나가 왜 이렇게 늙었어요?"

"방진 씨는 젊어서 죽었지만 나는 늙어서 죽었기 때문이라고 말했잖아."

이건 정말 큰일이야. 계순 할머니 유령을 보면 탐정 유령이 얼마나 실망할까? 보물 상자에 든 연애편지를 보려고 그렇게 애썼는데, 연애편지를 쓴 사람이 폭삭 늙은 할머니라니!

"실망…… 했니?"

계순 할머니 유령의 질문에 나도 모르게 고개를 끄덕였어. 여자에게 늙었다는 말은 절대 하지 말아야 하는데 깜빡했어.

"방진 씨도 실망하겠지? 남자들은 다 똑같아. 겉모습만 보지."

나는 또 고개를 끄덕였어. 나, 너무 진실만을 얘기하는 것 같아. 아니라고, 마음이 중요하니 탐정 유령이 계순 할머니 유령을 지금도 좋아할 거라고 말해 줘야 하는데! 차마 입이 떨어지지 않는 걸 어떡해.

"이건 없애버려야겠다. 마방진 씨도 네 마음과 같다면 이 편지를 읽을 필요 없어."

계순 할머니 유령은 품에서 보물 상자를 꺼냈어. 이런! 사라진 보물 상자는 계순 할머니 유령이 훔쳐 간 거였구나! 이 보물 상자 때문에 내가 얼마나 고생을 했는데!

"남의 보물 상자를 왜 훔쳐 가세요? 당장 내놓으세요."

계순 할머니 유령은 보물 상자를 뒤로 빼서 다시 감췄어.

"훔치다니, 이걸 훔친 건 너야. 그리고 남의 보물 상자가 아니라 내 보물 상자거든!"

"암튼 돌려줘요. 암호 편지를 읽어 주지 않으면 탐정 유령이 평생 나를 괴롭힐 거라고요!"

나는 보물 상자를 쑥 잡아당겼어. 계순 할머니 유령은 쉽게 보물 상자를 주었어. 탐정 유령이 편지를 읽기를 바란 것 같아.

"암호도 풀어 줘요. 자기가 썼으니까 알겠죠."

"싫어. 노력을 해야 얻을 수 있는 법이야."

아우, 영어 선생님이었다더니 꼭 선생님 같은 말만 하는구나. **암튼 유령들은 내 인생에 도움이 안 돼.** 나는 신경질을 내며 연애편지를 펼쳤어.

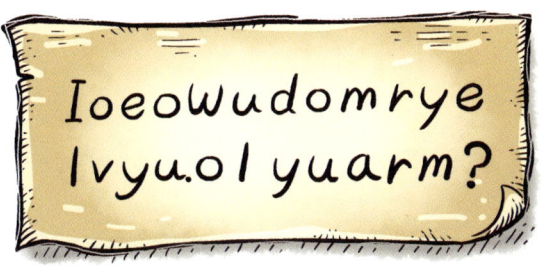

그런데 아주 놀라운 일이 벌어졌어. 암호 편지의 암호가 쏙쏙 풀리는 거 아니겠어?

"I love you. Would you marry me? 널 사랑해. 나와 결혼해 줄래?"

나도 모르게 암호를 풀어 놓고 내가 더 어리둥절했어.

"이렇게 쉬운데 예전엔 왜 못 풀었지?"

"네 수학 실력이 엄청 좋아졌나 보다."

계순 할머니 유령은 부끄러운 듯 얼굴을 붉혔어.

"계순 씨! 나랑 결혼하자는 편지였나요?"

그때 뒤에서 탐정 유령의 목소리가 들렸어. 언제 왔는지 탐정 유령은 우리 뒤에 서서 넋이 나간 듯 서 있었어. 암호 편지와 거울 속에 비친 계순 누나의 얼굴을 바라보면서.

"아아! 좋아요. 당장 결혼해요, 우리."

탐정 유령은 계순 할머니 유령의 몸을 자기 쪽으로 돌렸어. 아! 계순 할머니 유령의 얼굴을 본 탐정 유령의 표정! 놀랍고, 믿을 수 없고, 괴로운 표정. 내 마음이 다 아플 정도였지.

"어, 어떻게 된 거야?"

탐정 유령의 목소리가 갈라졌어. 계순 할머니 유령은 차마 고개를 들지 못했지. 하는 수 없이 내가 이 상황을 설명했어.

"계순 누나는 할머니가 될 때까지 살았기 때문에 할머니 얼굴이에요. 그치만 탐정 유령을 사랑하는 마음은 같아요."
"그래도 너무, 너무 늙었잖아."
계순 할머니 유령의 눈에서 **눈물 한 방울이 똑 떨어졌어.**
"너무 늙었다고. 너무 늙었어……."
중얼거리던 탐정 유령은 그만 밖으로 나가 버렸어. 정말 남자들이란 외모를 너무 중요하게 여기는 것 같아. 중요한 건 마음 아닐까? 사실 나도 잘 모르겠다. 나도 남자잖아.

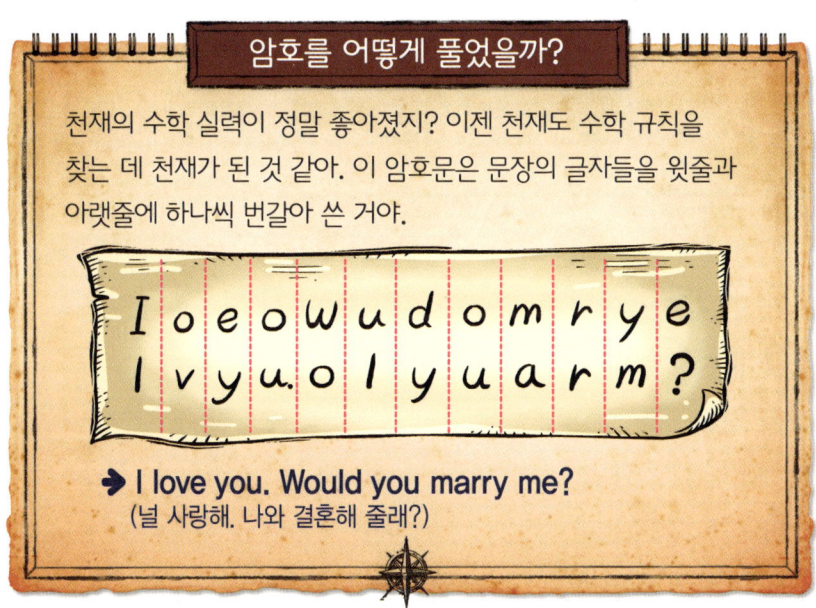

암호를 어떻게 풀었을까?

천재의 수학 실력이 정말 좋아졌지? 이젠 천재도 수학 규칙을 찾는 데 천재가 된 것 같아. 이 암호문은 문장의 글자들을 윗줄과 아랫줄에 하나씩 번갈아 쓴 거야.

Ioeowudomrye
lvyu.olyuarm?

➡ I love you. Would you marry me?
(널 사랑해. 나와 결혼해 줄래?)

18
마방진 유령이 남긴 수학 문제

   탐정 유령은 우리 학교로 달아났어. 여자를 피해 달아나는 건 정말 비겁한 짓이야. 나는 탐정 유령이 계순 할머니 유령에게 돌아가게 하려고 애썼어. 꼭 둘이 결혼을 해야 하는 건 아니지만, 어떻게든 마무리를 지어야 할 것 아니겠어? 그래야 탐정 유령이 내 곁을 떠날 테니까!
   "일단 계순 할머니 유령을 만나 봐요. 얘기는 해 봐야지요."
   나는 몇 차례나 설득했지만 탐정 유령은 머리를 두 무릎에 파묻은 채 고개를 저었어.
   "조선에 괜히 왔어. 그냥 팔라우에 있을걸. 지난 추억을 되새기며 있을걸. 할머니가 된 계순이의 모습은 안 봤으면

좋았을걸."

 아! 사랑은 이런 것일까? 몇 십 년을 기다리다 만났는데, 외모 때문에 이루어질 수 없는 것일까? 아빠는 세상에서 가장 위대한 것이 사랑이고, 절대로 변하지 않는 것도 사랑이라고 했어. 엄마를 처음 만나 사랑에 빠졌고, 지금도 사랑하고 죽은 다음에도 사랑할 거라고 했어. 그 말을 믿었는데 아닌가 봐. 아우! 사랑이 이렇게 하찮은 것이라면 **나는 절대로 여자 친구는 안 사귈 거야.** 사랑 따위는 안 할 거라고!

 그런데 계순 할머니 유령의 사랑은 탐정 유령의 사랑보다 훨씬 멋졌어. 며칠이 지나도 탐정 유령이 돌아오지 않자 계순 할머니 유령은 떠나겠다고 말했지.

 "천재야, 어린이가 유령과 자꾸 어울리는 건 좋지 않아. 난 그만 떠날란다. 방진 씨에게 전해 줘. 내 편지는 의미가 없어졌으니 걱정 말라고. 그만 네 곁에서도 떠나라고. 천재야, 미안하고 고마웠어. 보답은 꼭 할게."

 계순 할머니 유령의 말은 알쏭달쏭했어. 유령과 어울리면 뭐가 나쁜지, 내게 무슨 보답을 할지 알 수 없었지. 하지만 계순 할머니 유령은 자세하게 설명하지 않았어.

"그럼 안녕!"

계순 할머니 유령이 마지막 인사를 하고 막 내 방을 떠나려는 순간이었어. 갑자기 방 안이 새까만 어둠으로 덮이더니 악마가 등장하는 것처럼 으스스한 바람이 불었어. 계순 할머니 유령은 자기 몸으로 나를 감싸 안았어.

"나 조신재, 마방진을 사로잡을 기회를 놓칠 수는 없지."

검은 먹구름 같은 조신재 유령이 나타났어. 손에는 마법사에게나 어울릴 법한 어두운 수정 구슬을 들고 있었지. 나를 안은 계순 할머니 유령의 몸이 덜덜 떨렸어.

"이 수정 구슬에 김계순, 너를 가두겠다. 그럼 마방진이 너를 구하러 오겠지? 그때 마방진을 잡아 어둠의 유령 세계로 끌고 갈 테다. 핫핫핫핫하!"

조신재 유령이 어두운 수정 구슬을 내밀었어. 수정 구슬에서는 레이저처럼 날카로운 검은 불빛이 번쩍였지.

"아앗!"

옆구리에 검은 불빛을 맞은 계순 할머니 유령이 소리를 질렀어. 나는 손을 번쩍 들고 외쳤어.

"잠깐! 계순 할머니 유령을 데려가지 마요. 탐정 유령은 계순 할머니 유령한테 관심 없어요. 계순 할머니 유령을 피해 학교로 달아났다고요!"

조신재 유령이 수정 구슬을 쓰다듬었어. 검은 불빛이 구슬

 속으로 쏙 스며들었지. 계순 할머니 유령은 옆구리를 부여잡고 주저앉았어.
 "정말이냐? 정말 마방진의 마음이 변했어? 김계순한테 이제 관심 없대?"
 "네. 할머니가 돼서 싫대요."
 "그래? 그럼 어쩐다?"
 조신재 유령은 수정 구슬을 만지작거리며 나를 쳐다보았어. 그러더니 음흉한 미소를 지으며 내게 손가락질을 했지.
 "너, 마방진하고 친하더라? 핫핫핫. 김계순이 아니라 너를 수정 구슬에 가둬야겠다. 네가 위험에 처하면 마방진이 반드시 구하러 올 거야."
 조신재 유령은 나를 향해 수정 구슬을 내밀었어. 이게 아닌데. 난 계순 할머니 유령을 구하려던 것뿐인데 뭔가 일이 잘못 되었어. 나는 유령도 아니잖아. 괜히 유령 싸움에 끼어들었다 험한 꼴을 당하는 거 아니야? 나는 말도 안 되는 이 상황을 설명하고 싶었어. 하지만 조신재 유령은 그럴 틈도 주지 않고 검은 불빛을 쏘아 댔어.
 "아악!"
 나는 머리를 감싼 채 주저앉았어. 하지만 검은 불빛의 아픔도, 수정 구슬 속에 갇힌 답답함도 느끼지 못했어.
 혹시 내가 죽은 걸까?

"비켜, 저리 비키란 말이야. 내게 필요한 녀석은 저 꼬마 아이야."

조신재 유령이 방방 뛰며 소리쳤어. 계순 할머니 유령이 나를 감싸고 보호하는 바람에 수정 구슬의 힘이 내게 미치지 못한 거야. 계순 할머니 유령은 자기 몸을 희생하여 나를 지켰어. 아! 이렇게 착한 유령이 또 있을까. 그러나 감동만 하고 있을 순 없었어. 유령은 한 번 죽었으니 다시 죽지는 않겠지만 무슨 나쁜 일이 벌어질 것만 같았어. 나는 큰 소리로 외쳤어.

"탐정 유령님, 도와줘요. 당장 나타나요."

내 말을 들었는지, 나와 통했는지 탐정 유령이 당장 나타났어. 탐정 유령은 나를 보호하고 있는 계순 할머니 유령과 우리를 공격하는 조신재 유령을 보고 깜짝 놀랐어.

"천재와 계순 씨에게서 당장 떨어져."

탐정 유령이 고함을 질렀어.

"아이구, 놀라라. 그렇게

소리를 지를 건 없잖아? 마방진 네가 나타났으니 저 두 사람에게서 당연히 떨어질 거니까. 악보 속에 가둘 때처럼 이 수정 구슬로 너를 어둠의 유령 세계로 데려가 주마."

탐정 유령이 부르르 떨었어.

무서워서 떠는지 화가 나서 떠는지 알 수 없었지.

"그때는 깜빡 속아서 당했지만 내가 그렇게 호락호락한 줄 아나?"

탐정 유령은 큰소리를 땅땅 쳤어. 조신재 유령은 음흉한 미소를 지으며 수정 구슬로 검은 불빛을 쏘아 댔어. 탐정 유령은 몸을 작게 만들어 뱅글뱅글 돌았어. 검은 불빛이 탐정 유령을 쫓아 뱅글뱅글 방 안을 어지럽게 날아다녔어. 나는 계순 할머니 유령 옆에 앉아 눈으로만 탐정 유령을 쫓았어.

"계순 씨, 편지를 줘요. 보물 상자 속 편지, 어서 줘요."

계순 할머니 유령은 소중히 품고 있던 편지를 탐정 유령에게 내밀었어. 탐정 유령은 편지를 손에 들고 검은 불빛을 피해 요리조리 날아다니다가 수정 구슬에 편지를 딱 붙였지. 순식간에 검은 불빛이 사라졌어. 먹구름이 걷히고

태양이 얼굴을 내미는 것 같은 느낌!

"앗! 뜨거워. 이게 뭐야?"

조신재 유령이 수정 구슬을 떨어뜨리며 소리쳤어.

"진실한 사랑이지. 어둠의 유령 세계에서 가장 무서워하는 **진실한 사랑이 담긴 편지.**"

"어떻게 이런 것이? 에잇! 분하다!"

조신재 유령은 못 볼 것을 본 사람처럼 눈살을 찌푸리더니 그만 사라지고 말았어. 조신재 유령이 사라지자 계순 할머니 유령도 기운을 차렸어. 탐정 유령은 계순 할머니 유령의 손을 잡았어.

"계순 씨, 미안해요. 내가 속이 좁았어요."

"괜찮아요. 난 이렇게 늙고, 당신은 아직 젊으니 그럴 수

있어요."

"계순 씨가 위험에 처한 모습을 보고 깨달았어요. 내가 아직도 계순 씨를 사랑한다는 것을. 우리 함께 하늘나라로 올라가요."

계순 할머니 유령의 눈에서 눈물이 주르르주르르 흘렀어. 내 눈에도 눈물이 그렁그렁 맺혔지.

"나도 위험했었다고요, 탐정 유령님. 나는 안 보여요?"

나는 일부러 억지를 썼어.

"그래, 미안. 다 나 때문이야."

"우리가 보답을 하고 갈게. 이해해 주렴."

탐정 유령과 계순 할머니 유령은 손을 잡고 내게 날아왔어.

"천재야, 마지막으로 한번 안아 보자."

"왜 이래요, 쑥스럽게."

말은 그렇게 했지만 나는 두 유령을 꼭 안았어. 그 순간 두 유령이 내 두 귀에 바람을 쑥 불어 넣었어. 나는 잠깐 정신을 잃었어.

낮잠을 잤나? 정신이 몽롱하고, 뭔가 잃어버린 기분이 들었어. 그런데 잃어버린 게 아니라 뭐가 생겼네. 누가 내 책상 위에 처음 보는 상자 하나를 올려놓은 거야. 상자에는 숫자를 맞춰야 열리는 자물쇠가 달려 있고, 비밀번호 힌트

라고 적힌 수학 문제가 붙어 있었지.

"뭐야? 이 안에 뭐가 들었지? 비밀번호는 뭐고 힌트는 뭐야?"

나는 보물 상자를 들고 지한이에게 달려갔어.

"지한아, 이것 좀 열어 줘. 누가 내 책상에 갖다 놓은 건데, 비밀번호도 안 가르쳐 주고, 힌트라고 수학 문제만 적어놨어. 네가 좀 열어 봐."

★비밀번호 힌트
1에서 9까지의 자연수를 모두 배열하라.
가로, 세로, 두 대각선의 합이 15가 되도록 하라.

4		2
	5	
8		6

"이건 마방진 문제인데?"

"마방진? 잠깐만. 나, 왠지 마방진을 잘 아는 것 같아."

나는 수학을 완전 못하는데 왜 마방진이 익숙하지? 나는 상자에 붙은 마방진 문제를 읽으며 연필로 끄적끄적 답을 찾았어. 그랬더니 정말 답을 딱 찾아낸 거야.

"답은 바로 이거야."

4	9	2
3	5	7
8	1	6

"와! 천재 너 정말 대단해. 언제부터 수학을 잘한 거야?"

    나도 놀랐어. 낮잠을 자고 일어나니 수학 천재가 된 기분이었지. 이제 수학 천재님께서 자물쇠를 열어 줘야지. 그런데 자물쇠의 비밀번호는 세 자리뿐. 이 아홉 숫자 중 뭘 넣으면 열릴까? 이번에는 고민 대신 무식한 방법을 택했어.

    숫자 세 개씩 무작정 넣어 보기. 첫 번째 줄 4, 9, 2는 아니었어. 두 번째 줄 3, 5, 7. 그러자 자물쇠가 철컥 열렸어. 내 이름처럼 **정말로 나, 진짜 천재가 되었나 봐!**

    어렵게 연 상자 속에는 커다란 **세계 지도**가 들어 있었어. 지도에는 팔라우에만 빨간 깃발이 꽂혀 있었지. 다음 해외 여행은 어디로 갈지 정하라는 뜻일까?

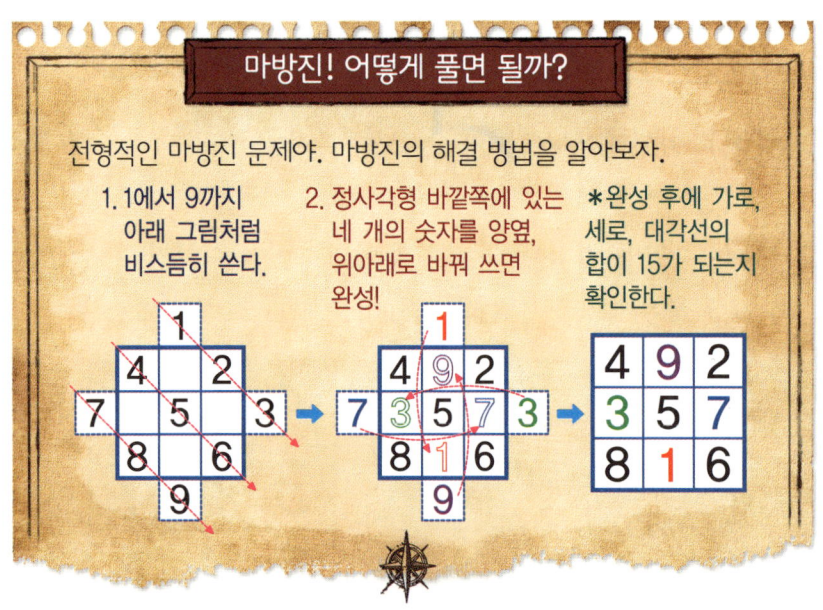

천재 수학자들의 전쟁

아이작 뉴턴은 영국의 수학자이자 물리학자로서 뛰어난 업적을 자랑하며 당대 최고의 영광을 누렸다. 죽고 난 뒤에도 영국의 국왕과 왕비, 당대의 대표적인 정치가, 예술가, 과학자만 묻힐 수 있는 웨스트민스턴 사원의 명당자리에 묻혔다.

뉴턴은 독일 수학자이자 철학자인 라이프니츠와 서로 자신이 먼저 '미적분'이라는 수학 분야를 알아냈다고 다툰 적이 있다. 라이프니츠가 미적분을 알아낸 뒤 잡지에 실었는데, 10년 전쯤 뉴턴이 이미 알았다는 사실이 밝혀졌기 때문이다. 영국 왕립협회에서는 둘 중 누가 미적분을 알아냈는지 조사를 했고, 뉴턴의 손을 들어주었다. 결국 수학사에서 미적분은 뉴턴의 업적으로 기록되었다.

하지만 지금 수학 강의실에서 배우는 미적분은 라이프니츠의 것이라고 한다. 천재 수학자들의 경쟁은 죽은 뒤에도 끝나지 않은 것이다.

아이작 뉴턴의 무덤

에필로그

"이번 수학 시험 결과를 발표하겠다. 1등은 우리 반 대표로 수학경시대회에 나간다."

예전 같으면 나랑 전혀 상관 없는 일이라 관심도 두지 않았겠지만, 선생님의 말씀이 떨어지자마자 나는 귀를 쫑긋 세우고 발표를 기다렸지.

"이번 수학 시험 1등은……."

선생님은 나를 쳐다보았어. 설마 나……? 그럴 리가 없지. 우리 반 수학 천재 지한이가 시험 보다 쿨쿨 잠이 든 게 아니라면. 하지만 지한이가 시험 보다 잤을 수도 있잖아? 그러면 1등은……. 나는 선생님을 뚫어져라 바라보았어.

 선생님이 싱긋 웃었지. 역시 나……?
 "진지한이다."
 그러면 그렇지. 지한이는 1학년 때부터 지금까지 단 한 번도 수학 1등을 놓친 적이 없는 진정한 수학 천재야. 그런데 선생님은 왜 나를 쳐다본 거야? 괜히 김칫국 마시고 배만 부르잖아.
 "1등보다 소중한 2등을 발표하겠다. 안천재, 이름값을 했구나. 수고했어. 모두 박수!"
 선생님이 활짝 웃었어. 애써 쿨한 척했지만 자꾸 입이 찢어져라 웃음이 나오더라. **세상은 1등만 기억한다지만 내게 수학 2등은 정말 소중해.**

 예전에는 내가 수학 꼴찌였어. 지금은 그 기억이 아주 가물가물할 만큼 수학 성적이 좋아졌지. 무엇 때문인지는 잘 모르겠어. 지한이는 자기가 수학을 좋아하니까 나도 그렇게 되었대. 친구 따라 강남 간다는 말처럼 말이야. 엄마는 그동안 수학 학원에 투자한 돈이 이제야 빛을 발한다고 말해. 그건 아닌 것 같은데…….

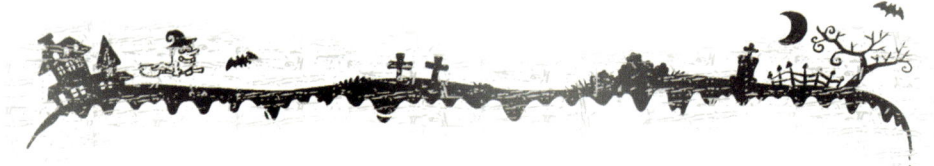

난 수학 학원에서 졸거나 멍하니 앉아 있었거든.

그런데 내 수학 성적을 두고 자기 공이라 다투는 사람이 또 있지 뭐야. 정확히 말하면 사람은 아니야. 밤마다 내 꿈에 나타나는 유령들이야.

지난 번 성교육 시간에 보건 선생님이 그랬어. **사춘기** 남자 아이들이 요상한 꿈을 꾸기도 하는데 다 어른이 되는 과정이니까 부끄러워하지 말라고 말이야. 나는 다른 애들도 나처럼 유령이 나오는 요상한 꿈을 꾸는구나, 생각하고 안심을 했지.

그런데 다른 애들은 나처럼 **유령이 득실득실 나오는 꿈은 안 꾼대.** 그 요상한 꿈하고 내 요상한 꿈은 다르다지 뭐야.

내 꿈에는 처녀 유령, 할머니 유령, 수학 박사 유령, 애국자 유령, 그것도 모자라 개 유령까지 나타나 내 주위를 맴돌아. 기가 막히는 건 유령들이 서로 나를 보호하겠다며 다투는 거야. 어떤 유령들은 친한 친구처럼 내 안부를 묻고, 내 머리를 쓰다듬기까지 해. 특별히 끔찍하거나 무섭진 않지만 반갑지도 않아. 내가 꾸고 싶은 꿈은 유령 꿈이 아니라 여자 친구와 함께, 누구라고 말은 하지 않겠어. 세계 여러 나라를 여행하는 거야. 팔라우에 다녀온 뒤, 정확히 세계 지도를 선물 받은 뒤, 내 인생의 목표는 **세계 일주**가 되었거든.

나는 밤마다 세계 지도를 보며 어느 나라를 여행할까

고민하고 있어. 그럼 꿈속에서 울창한 열대 우림, 황량하지만 멋스러운 사막, 오래된 궁궐과 사원, 신기한 여러 동식물과 다양한 나라의 친구들을 만날 것 같아.

그런데 내 꿈속은 왜 세계 여러 나라의 유적지나 볼거리가 아니라 유령 천지일까? 어젯밤에는 할머니와 젊은 남자 유령이 커플이라며 나타나 알쏭달쏭한 말을 늘어놓았어.

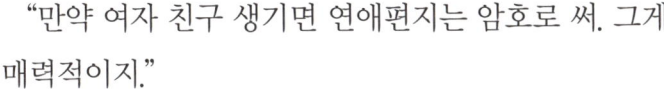

"넌, 좋아하는 여자 친구 없냐?"

"그런 건 왜 물어요?"

"만약 여자 친구 생기면 연애편지는 암호로 써. 그게 매력적이지."

"암호는 수학이야, 알지? 넌 우리 덕분에 수학을 잘하게 되었잖아."

암호로 쓴 연애편지라……. 음, 괜찮은 거 같아. 하지만 유령들 덕분에 수학을 좋아하게 되었다는 둥 그런 얘기는 더는 듣고 싶지 않아. **내 수학 실력은 순전히 내 천재적인 머리와 노력 덕분이라고!**

유령님들! 암호 편지 같은 좋은 아이디어를 줘서 고맙지만

더는 내 꿈에 나타나지 마세요. 그렇다고 현실에 나타나는 건 더욱 사양하겠어요. 내가 씩씩하고 담대한 사람이라 유령을 무서워하진 않지만 **유령하고 인연을 맺고 싶진 않거든요!**

아함! 졸려. 오늘 밤 꿈에는 유령 대신 내 미래의 여자 친구가 나왔으면 좋겠다. 예쁜 여자 친구랑 세계 일주를 하며 서로가 쓴 **수학 암호**로 된 편지를 풀면 얼마나 재미있을까!

초등 수학 교과 연계표

수학 개념	본책	관련 단원 학년-학기	단원
거듭제곱	81p	중고등 수학	
경우의 수	85p~87p, 89p	3-2	6. 자료의 정리
규칙 찾기	162p	4-1	6. 규칙 찾기
규칙 찾기	69p	2-2	6. 규칙 찾기
논리와 추론	19p, 37p, 46p, 57p, 125p, 171p	문제해결	
도형 뒤집기와 돌리기	112p	3-1	2. 평면도형
도형의 둘레와 넓이	103p	5-1	6. 다각형의 둘레와 넓이
		6-2	5. 원의 넓이
마방진	151p, 201p, 202p	창의 수학	
분수	183p	3-1	6. 분수와 소수
수학자-라이프니츠	203p	수학 상식	
수학자-아이작 뉴턴	203p	수학 상식	
수학자-피타고라스	47p, 139p, 163p	수학 상식	
수학자-히파수스	47p	수학 상식	
수학자-히파티아	113p	수학 상식	
숫자 암호	28p	3-2	6. 자료의 정리
스키테일 암호	29p	수학 상식	
확률	80p	중고등 수학	

*2019년 개정 교과서 1~6학년 반영